Condomínio: Segurança e Zeladoria

Condomínio: Segurança e Zeladoria

Marlon Guerreiro

EDITORA
intersaberes

SUMÁRIO

SIGA OS PASSOS

Aproveite ao máximo os sistemas integrados deste livro **6**

Início do expediente **8**

1. Desenvolvimento e qualificação do profissional de zeladoria e segurança condominial **11**

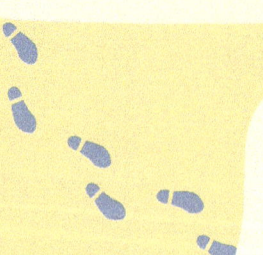

2. Controle de fluxo de pessoas e manutenção do condomínio **47**

3. Conhecimentos básicos de legislações relacionadas ao trabalho de zeladoria e segurança **89**

Almoxarifado **180**

Sobre o autor **186**

Referências **176**

Fechando os portões **174**

6. "Condomínio verde": abrace esta ideia! **161**

5. Conhecimentos básicos de atendimento a emergências diversas **135**

4. Segurança condominial: análise de riscos **111**

Aproveite ao MÁXIMO os SISTEMAS INTEGRADOS deste LIVRO!

Para que você, profissional já atuante na área de segurança e zeladoria ou candidato à profissão, dispomos de um conjunto de ferramentas que formam um sistema integrado que irá garantir sua segurança e bem-estar em sua jornada pelos conhecimentos ofertados nesta obra. Vamos a eles:

Fique de olho

Como você irá observar nesta obra, o profissional de zeladoria e segurança tem de pensar em inúmeros detalhes no seu dia a dia. Mas quais são esses detalhes e quão importantes eles serão no seu cotidiano profissional? Descubra na seção "Fique de olho".

Hora da simulação

Que tal você se colocar à prova em uma situação real da rotina do profissional de zeladoria e segurança? Este livro oferece um estudo de caso que exigirá de você bom senso, poder de decisão e conhecimentos específicos de sua área de atuação. Você está preparado? Veja esta seção e descubra!

Pausa para leitura

Mantenha-se antenado com as últimas novidades relacionadas à sua profissão com a seção "Pausa para leitura", que traz recomendações de textos que abordam assuntos importantes relacionados à sua rotina de trabalho.

Inspeção dos conhecimentos

Após a leitura de cada capítulo, sua cabeça estará repleta de informações. Mas como ter certeza da fixação e compreensão de todos os conteúdos? A seção "Inspeção dos conhecimentos" conta com perguntas relacionadas diretamente aos assuntos tratados no capítulo.

Vamos lá: teste seus conhecimentos!

Momento investigação

Vamos ultrapassar o conteúdo que esta obra oferece? Na seção "Momento investigação", o autor propõe questões e atividades que o levarão a fazer pesquisas de campo e investigações e leituras complementares.

Exercitar é preciso!

Esta seção tem como objetivo proporcionar a você, profissional de zeladoria e segurança, a oportunidade de aplicar seus conhecimentos em atividades práticas relacionadas ao seu cotidiano profissional.

Início do Expediente

Com o crescimento das cidades, as pessoas passaram a conviver em agrupamentos maiores e em espaços cada vez mais concentrados. Entre esses espaços, temos os **condomínios**. Os setores administrativos desses conjuntos de dependências comuns perceberam que eram necessários **profissionais especializados para cuidar da manutenção e segurança** desses espaços de convivência cada vez menores e mais populosos.

Pensando nesta área profissional promissora e em franca ascensão, esta obra tem como objetivo **capacitar os profissionais de zeladoria e segurança em condomínios**, sejam eles residenciais, comerciais ou mistos, pois, com a crise de segurança pessoal, pública e patrimonial pela qual passamos hoje, buscar no mercado profissionais capacitados, que atendam a todas as necessidades do imóvel e de seus usuários, é a principal preocupação dos administradores condominiais.

Este trabalho está pautado na experiência de mais de 12 anos de docência na área de zeladoria e segurança condominial, e de mais de 10 anos na área de assessoria em segurança condominial, além de 31 anos de atuação efetiva na área de segurança pública.

> Quer se tornar um profissional de segurança e zeladoria gabaritado? Então, acompanhe-nos nessa caminhada pelo conhecimento.

Desenvolvimento e qualificação do profissional de zeladoria e segurança condominial

Neste capítulo, você terá a oportunidade de estudar sobre assuntos relacionados às qualificações e competências que um profissional de zeladoria e segurança precisa desenvolver para ter seu "lugar ao sol" no mercado de trabalho. Nesta parte da obra, você também receberá dicas para se manter em sua área profissional, que a cada dia fica mais seletiva e competitiva.

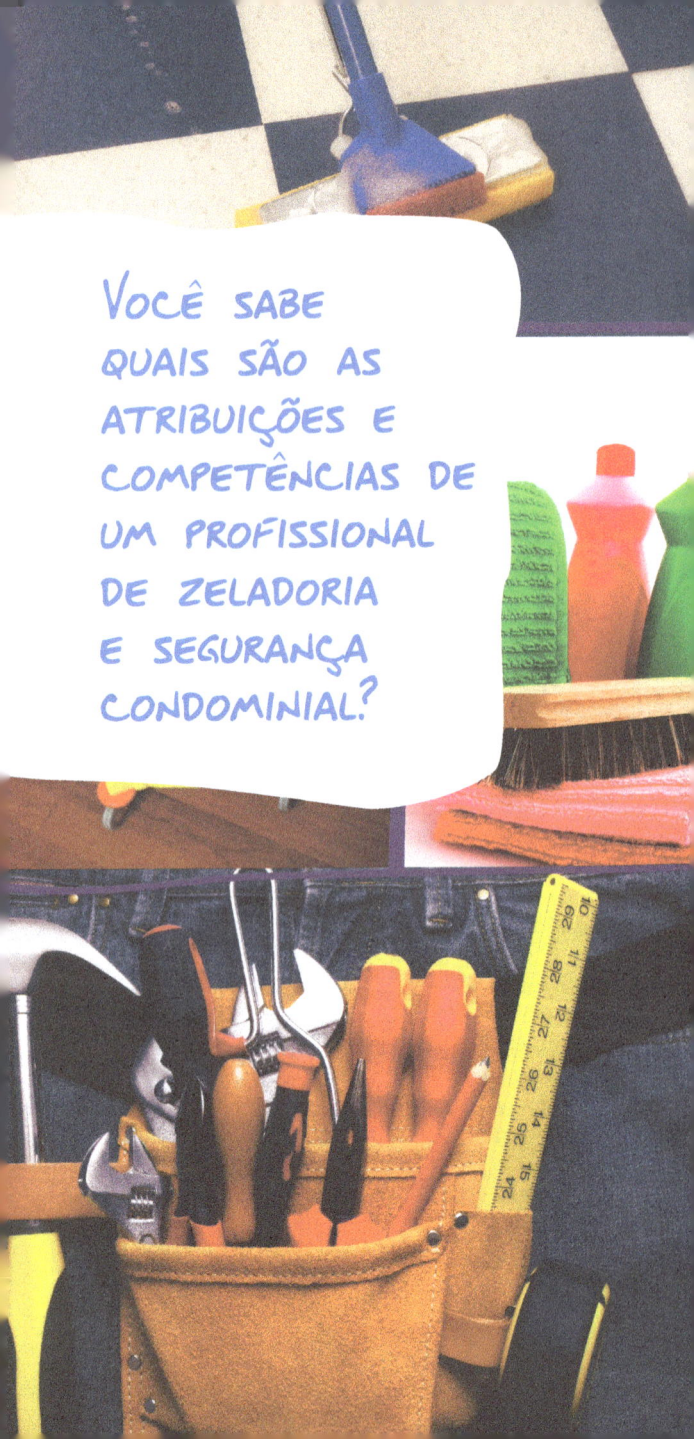

Você sabe quais são as atribuições e competências de um profissional de zeladoria e segurança condominial?

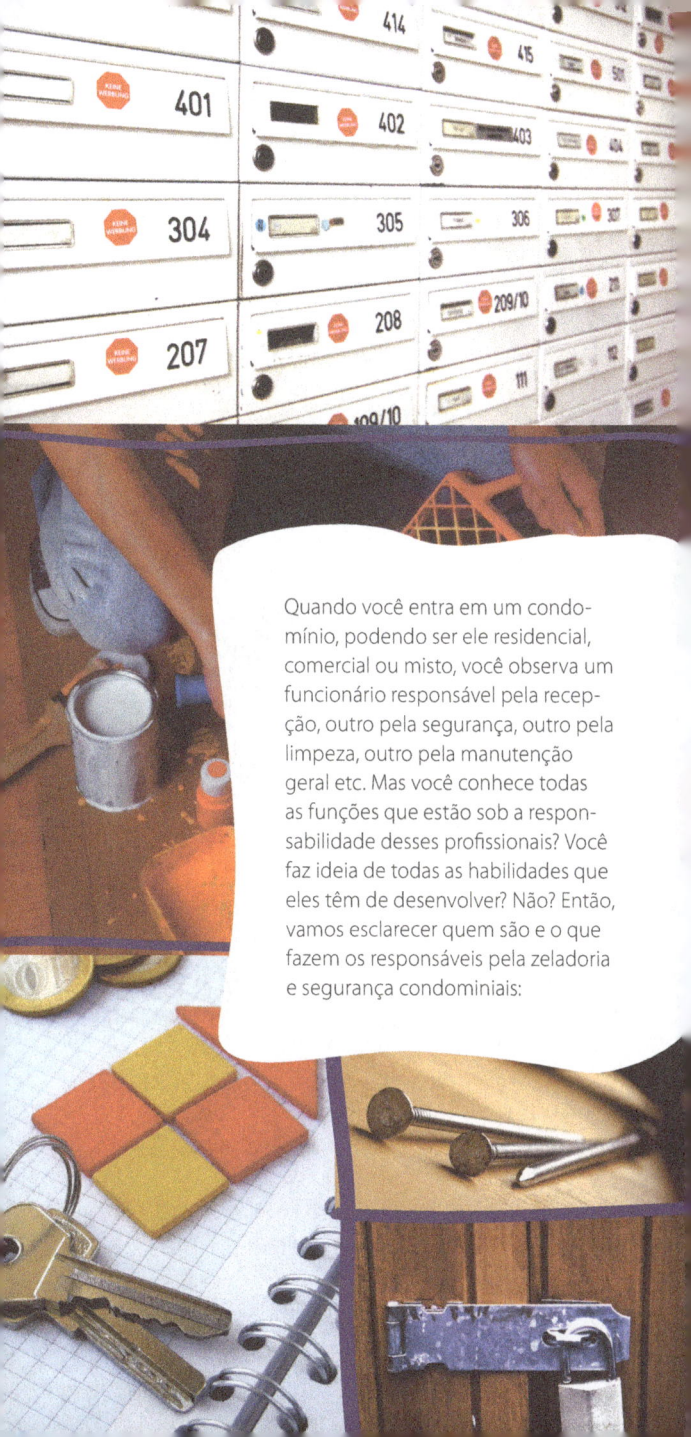

Quando você entra em um condomínio, podendo ser ele residencial, comercial ou misto, você observa um funcionário responsável pela recepção, outro pela segurança, outro pela limpeza, outro pela manutenção geral etc. Mas você conhece todas as funções que estão sob a responsabilidade desses profissionais? Você faz ideia de todas as habilidades que eles têm de desenvolver? Não? Então, vamos esclarecer quem são e o que fazem os responsáveis pela zeladoria e segurança condominiais:

Zelador

Função
Zelar pela segurança e organização do condomínio.

Competências

Noções de segurança e administração para atender a todas as exigências de seu trabalho.

Conhecimento de todos os sistemas que dão suporte à infraestrutura do condomínio.

Responsabilidades

- Treinar, qualificar e coordenar as atividades dos demais funcionários do condomínio (porteiros, vigias, vigilantes, serventes de limpeza, entre outros, dependendo da estrutura do imóvel), incluindo organizar a escala de trabalho destes.
- Atender às demandas dos condôminos.
- Organizar os serviços de manutenção e limpeza do condomínio.
- Zelar pela manutenção predial, limpeza e organização do condomínio.
- Mediar situações de conflito entre condôminos, diagnosticando os problemas e propondo soluções.
- Agir em situações de emergência envolvendo mau funcionamento dos sistemas elétrico, hidráulico, de elevadores etc.
- Substituir o porteiro, caso este precise se ausentar da portaria, principalmente nos horários de refeições.
- Comprar e distribuir materiais de limpeza.

Porteiro

Função

Fiscalizar e controlar a entrada e saída de pessoas, veículos e mercadorias do condomínio.

Competências

Vigilância, que, no nosso caso, significa que o porteiro deve estar 100% atento, a fim de evitar a entrada de pessoas não autorizadas no condomínio.

Responsabilidades

- Vigiar e recepcionar.
- Fazer o controle de portões de garagens.
- Averiguar e autorizar veículos a entrarem no condomínio.
- Cadastrar e atualizar dados referentes a veículos do condomínio (incluindo as pessoas habilitadas a dirigi-los).

Vigia, ou vigilante

Função

Guarnecer (guardar) toda a extensão do condomínio.

Competências

Atenção, postura altiva (que impõe respeito).

Responsabilidades

→ Manter a paz e a ordem dentro do condomínio, evitando qualquer tipo de distúrbio.

→ Barrar qualquer veículo ou indivíduo suspeito ou não autorizado que esteja circulando no perímetro do condomínio e tomar as devidas providências.

Servente de limpeza e manutenção

Função
Manter a conservação e higiene do condomínio.

Competências
Asseio, senso de organização e de economia.

Responsabilidades
- Higienizar pisos, calçadas e vidraças de áreas comuns.
- Coordenar a coleta de resíduos orgânicos e inorgânicos (lixo).

Fique de olho

Você sabia que podemos ter outros profissionais trabalhando num condomínio? Dependendo do tamanho e da necessidade do condomínio, poderemos ter: mensageiros, ascensoristas, jardineiros, auxiliares de manutenção, bombeiros industriais, porteiros folguistas e chefes de portaria. Todos esses profissionais estão diretamente ligados às questões relacionadas à manutenção da ordem, limpeza e conservação do condomínio.

Perfil do profissional de zeladoria

O mercado de trabalho na área de zeladoria e segurança condominial vem cada vez mais buscando profissionais capacitados e com perfil adequado para que o condomínio possa garantir uma melhor qualidade de vida e segurança para os condôminos. Portanto, veremos a seguir as características e qualidades de que você precisa para estar apto a entrar e se manter nesse nicho de mercado.

Apresentação pessoal

Você sabia que o cartão de visita do condomínio começa pela **apresentação pessoal de seus funcionários**? Quando alguém visita o imóvel ou presta algum serviço ao condomínio, é a qualidade do atendimento do profissional condominial e a sua aparência (seu asseio, sua educação, seus modos) que realmente contarão.

Então, você deve estar se perguntando: "Em que devo prestar atenção para que minha apresentação pessoal seja impecável?". É o que iremos demonstrar na seção a seguir.

a) **Higiene pessoal**: Tomar banho e fazer a barba diariamente; escovar os dentes após todas as refeições; manter as unhas aparadas e limpas e os cabelos devidamente cortados. Se o funcionário for do sexo feminino, manter os cabelos presos e evitar excesso nas maquiagens, em batons e esmaltes, no tamanho das unhas, em brincos e pulseiras, entre outros elementos.

b) **Trajes de trabalho**: Manter o uniforme limpo e passado e os calçados limpos e polidos. Nunca esqueça de que você é considerado o cartão de visita do condomínio.

ÉTICA PROFISSIONAL

Você sabe o que é ética profissional? Não? Então faça uma pequena reflexão sobre esse assunto: ser um profissional ético é, em primeiro lugar, ser honesto com os outros e consigo mesmo. Ser ético é compreender as diferenças individuais, cumprir as obrigações funcionais, respeitar as leis e normas do local de trabalho e do país. Com base nisso, pense em sua própria postura: você é *um profissional ético*?

Exercitar é preciso!

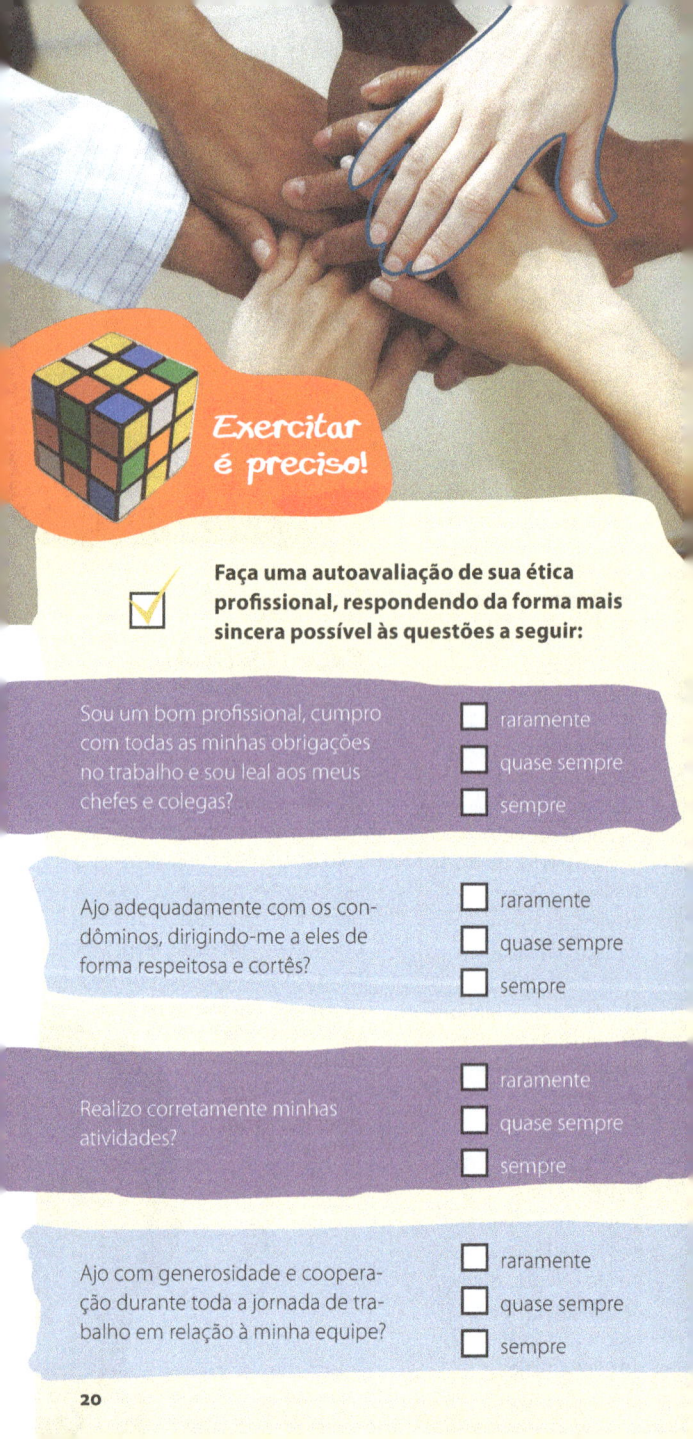

☑ **Faça uma autoavaliação de sua ética profissional, respondendo da forma mais sincera possível às questões a seguir:**

Sou um bom profissional, cumpro com todas as minhas obrigações no trabalho e sou leal aos meus chefes e colegas?
- ☐ raramente
- ☐ quase sempre
- ☐ sempre

Ajo adequadamente com os condôminos, dirigindo-me a eles de forma respeitosa e cortês?
- ☐ raramente
- ☐ quase sempre
- ☐ sempre

Realizo corretamente minhas atividades?
- ☐ raramente
- ☐ quase sempre
- ☐ sempre

Ajo com generosidade e cooperação durante toda a jornada de trabalho em relação à minha equipe?
- ☐ raramente
- ☐ quase sempre
- ☐ sempre

Tenho uma postura proativa, ou seja, não fico restrito apenas às tarefas que foram delegadas a mim?	☐ raramente ☐ quase sempre ☐ sempre
Sou discreto no que diz respeito à vida dos condôminos, limitando-me a falar apenas o essencial a meus colegas de trabalho?	☐ raramente ☐ quase sempre ☐ sempre
Caso eu encontre objetos ou valores dos condôminos ou de meus colegas de trabalho, procuro todas as formas possíveis de devolver esses bens.	☐ raramente ☐ quase sempre ☐ sempre
Em casos em que os condôminos entram em algum tipo de conflito, procuro propor soluções baseadas no regimento do condomínio ou, se for necessário, nas leis que regem a vida dos cidadãos.	☐ raramente ☐ quase sempre ☐ sempre

Verifique a pontuação para cada resposta:

Para *raramente*, atribua o valor zero (0).

Para *quase sempre*, atribua o valor dois (2).

Para *sempre*, atribua o valor quatro (4).

Agora, faça a soma e verifique o seu **perfil ético**.

16 a 32 pontos: Você é considerado um excelente profissional, esperado por toda empresa!

Até 16 pontos: Você está na média, mas precisa ficar em alerta para buscar a melhoria.

Entre 0 e 8 pontos: Alerta total! Você precisa melhorar muito! Reveja seus comportamentos e conceitos.

VOCABULÁRIO

Você, que atua ou irá atuar no seguimento de zeladoria e segurança condominial, terá como ferramenta de trabalho o **diálogo**. Portanto, para que seu relacionamento diário com os condôminos seja eficiente e agradável, é importante que você tenha um bom vocabulário. Nesse caso, a primeira pergunta a ser feita é: "Qual é o primeiro passo para que eu possa desenvolver uma boa conversação?".

Pausa para leitura

Quer ler um bom livro sobre técnicas de atendimento ao público? Procure em sua livraria mais próxima a obra *Atendimento nota 10* (Editora Sextante, 2008). Neste livro, você aprenderá a técnica dos **fatores CESAR (confiabilidade, empatia, segurança, aparência e resposta)**. Aprenda nestas páginas como se dirigir ao cliente (condômino), de forma a entender o que ele deseja; descubra que expressões como "por favor" ou "deixe-me ajudá-lo" podem facilitar sua vida no atendimento a pessoas irritadas; observe como cuidar de si mesmo, mantendo-se sempre calmo e equilibrado, mostrará a todos como sua postura profissional é adequada.

É importante você se autoavaliar no que se refere à maneira como se dirige às pessoas: Você tem o **hábito de usar palavras de calão** (termos ofensivos ou gírias)? Trata as pessoas de forma respeitosa, ou seja, **utiliza os pronomes de tratamento adequados aos perfis dos clientes**, tais como *senhor*, *senhora*, *senhorita* ou *você*?

CUIDADO

TIPO ASSIM
PARADA...
SUSSE!
Tô LIGADO...
MASSA!

É essencial que você verifique como está sua **escolaridade**: Você tem o hábito de **ler e escrever**? Sua **caligrafia é facilmente legível**? Tem procurado especializações em sua área? A empresa administradora de condomínios para a qual você trabalha investe no aprendizado contínuo dos funcionários?

Você deve conhecer plenamente as legislações vigentes que tratam dos direitos e deveres do cidadão brasileiro, que estão contidos basicamente no artigo 5º da Constituição Federal do Brasil de 1988 (Brasil, 1988).

Hábitos saudáveis

O que você entende por *hábitos saudáveis*? **Você cuida de seu corpo**, alimentando-se corretamente, evitando excessos, como comidas gordurosas e muito temperadas? **Você se exercita diariamente**, caminhando, indo à academia, praticando algum esporte? **Você evita hábitos extremamente prejudiciais ao organismo**, como o tabagismo, o uso abusivo de álcool, a utilização de substâncias tóxicas (maconha, craque, cocaína ou anfetaminas, ou outras drogas usadas como medicamentos)? **Você faz exercícios que evitam o surgimento de lesões por esforço repetitivo (LER)?** Um dos maiores motivos de afastamento de trabalhadores é a manifestação da LER em regiões como ombros, punhos, dedos, lombar etc. Para evitar esse problema, siga as instruções as seguir:

Exercícios de Alongamento e Aquecimento Músculo-Articular

ATENÇÃO

1. Execute os alongamentos mantendo uma regularidade, no mínimo três vezes ao dia, antes e depois do expediente;

2. Permaneça na postura de alongamento de 20 seg. a 30 seg., evitando balanceios que podem estimular o reflexo de contração ao invés de alongamento;

3. Direcione os alongamentos para a sua necessidade, para as regiões mais tensas de seu corpo;

4. Respire calmamente e regularmente durante os exercícios;

5. Exercite-se de forma a não sentir dor.

Pescoço

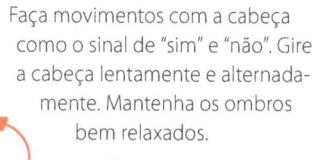

Faça movimentos com a cabeça como o sinal de "sim" e "não". Gire a cabeça lentamente e alternadamente. Mantenha os ombros bem relaxados.

Obs.: Evite movimentar a cabeça para trás, pois pode provocar compressão dos nervos.

Incline a cabeça para o lado direito com a ajuda da mão direita e depois para o lado esquerdo com a ajuda da mão esquerda. Mantenha-se em cada posição por 20 segundos. Repita 3 vezes para cada lado.

Ombros

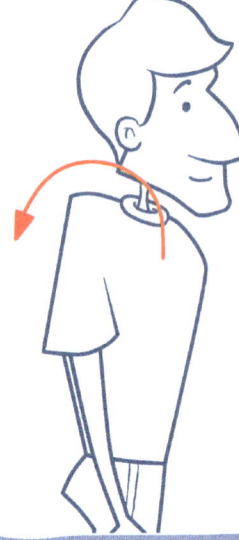

Em pé ou sentado, inspire fundo elevando os ombros como se quisesse encostá-los nas suas orelhas e expire soltando-os sobre o corpo. Repita 3 vezes cada sentido. Faça movimentos rotatórios no sentido frente-atrás e depois atrás-frente. Repita 3 vezes cada sentido.

Braços

Com os braços atrás do seu corpo, entrelace os dedos, mantendo os braços esticados e os ombros relaxados. A cabeça e o tronco devem ficar retos. Afaste os braços do seu corpo, dentro do seu limite e mantenha-se nessa posição por 20 segundos. Repita 3 vezes.

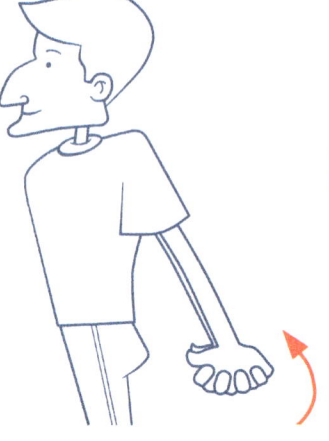

Direcione o cotovelo atrás da sua cabeça no sentido do ombro oposto e conduza-o para baixo com a mão oposta. Mantenha essa posição por 20 segundos. Repita 3 vezes para cada braço.

Estique os braços para cima e entrelace novamente os dedos. As palmas das mãos devem estar viradas para o alto. Mantenha-se nessa posição por 20 segundos.

Troncos e Costas

Sentado, incline o corpo para frente, tentando encostar as mãos no chão, deixando a cabeça e o tronco sobre as coxas. Respeite o seu limite, desça até onde seu corpo permitir. Permaneça por 20 segundos nessa posição. Levante-se lentamente, elevando suavemente a cabeça até a posição inicial.

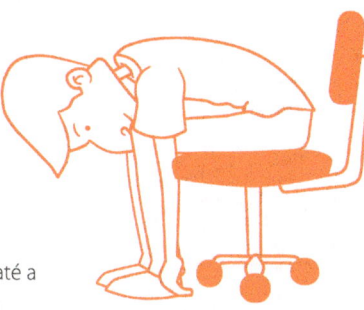

Assentado ou de pé, passe um braço sobre a cabeça, segurando o punho com a outra mão. Incline lateralmente alongando a parte lateral do tronco. Mantenha por 20 segundos. Repita 3 vezes para cada lado.

Sentado em uma cadeira, pernas um pouco afastadas, tente fazer uma rotação de tronco até que você consiga olhar para trás. Faça esse movimento para a esquerda e para a direita. Mantenha essa posição por 20 segundos para cada lado. Repita 3 vezes.

Antebraço - Mãos - Dedos

Com os ombros relaxados, estique um braços, mantendo-o elevado ligeiramente abaixo do nível do ombro, com a palma da mão voltada para fora como se estivesse fazendo o sinal de "pare". Puxe esta mão com a outra em direção ao seu corpo. Mantenha-se nessa posição por 20 segundos. Alterne o movimento com o punho dobrado, a palma da mão para dentro e dedos para baixo. Faça estes exercícios nos dois braços. Repita 3 vezes para cada lado.

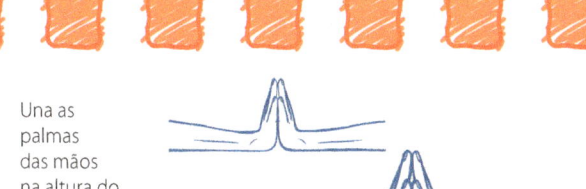

Una as palmas das mãos na altura do peito, estendendo o punho. Faça esse exercício abaixando as mãos e separando as palmas sem separar os dedos.

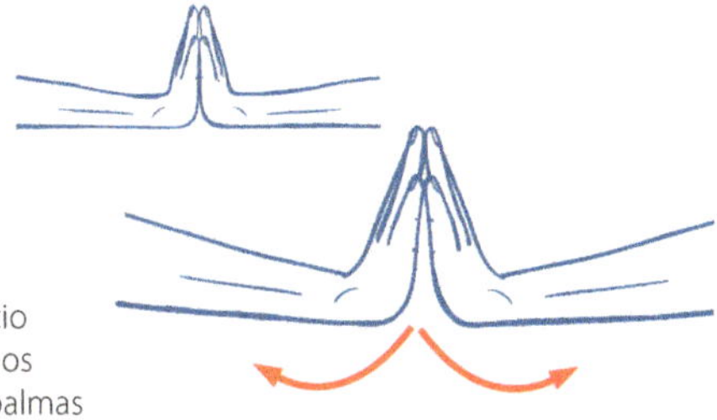

Gire o punho no sentido horário e anti-horário, os dedos devem estar relaxados.

Entrelace os dedos e faça movimentos ondulatórios com eles e com os punhos. Posteriormente, rode os polegares no sentido horário e anti-horário. A seguir, estenda os dedos de cada mão alternadamente. Faça 3 vezes cada movimento.

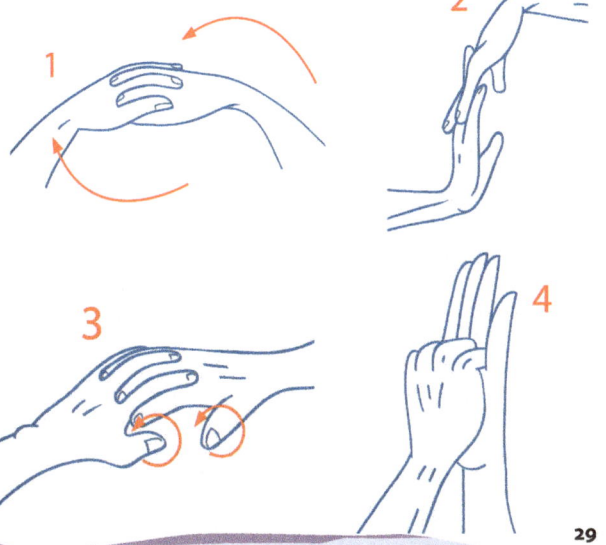

Membros Inferiores

Dobre o joelho segurando o pé com a outra mão e puxe o calcanhar na direção das nádegas. Faça isso com cada perna, 3 vezes cada uma. Mantenha essa posição por 20 segundos.

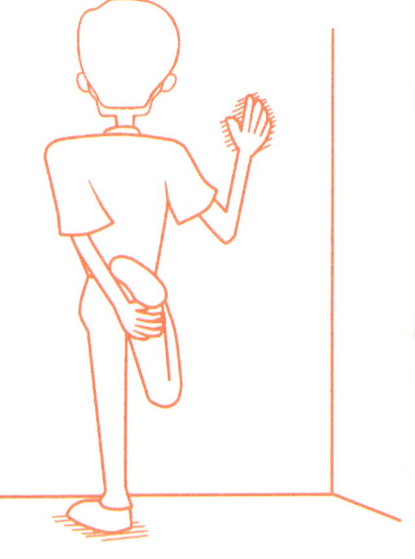

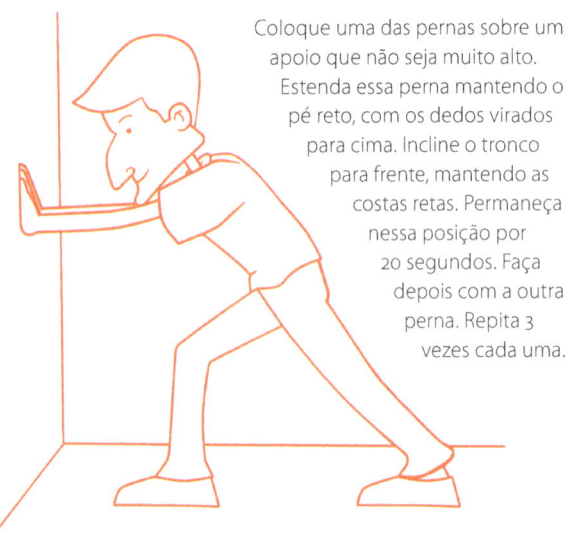

Coloque uma das pernas sobre um apoio que não seja muito alto. Estenda essa perna mantendo o pé reto, com os dedos virados para cima. Incline o tronco para frente, mantendo as costas retas. Permaneça nessa posição por 20 segundos. Faça depois com a outra perna. Repita 3 vezes cada uma.

Incline o tronco para a frente, apoiando as duas mãos à parede ou a uma mesa. Dobre uma perna e estique a outra para trás, de modo que o calcanhar não saia do chão. Projete o corpo para frente até que sinta alongar a perna esticada. Mantenha essa posição por 20 segundos e faça o mesmo com a outra perna. Repita 3 vezes com cada uma.

Com as mãos apoiadas sobre uma mesa, estique os braços descendo o tronco e mantendo as costas bem retas. As pernas devem permanecer esticadas e os pés paralelos, afastados na largura do quadril. Mantenha essa posição por 20 segundos. Repita 3 vezes.

Fonte: Dr. Mousinho, 2007.

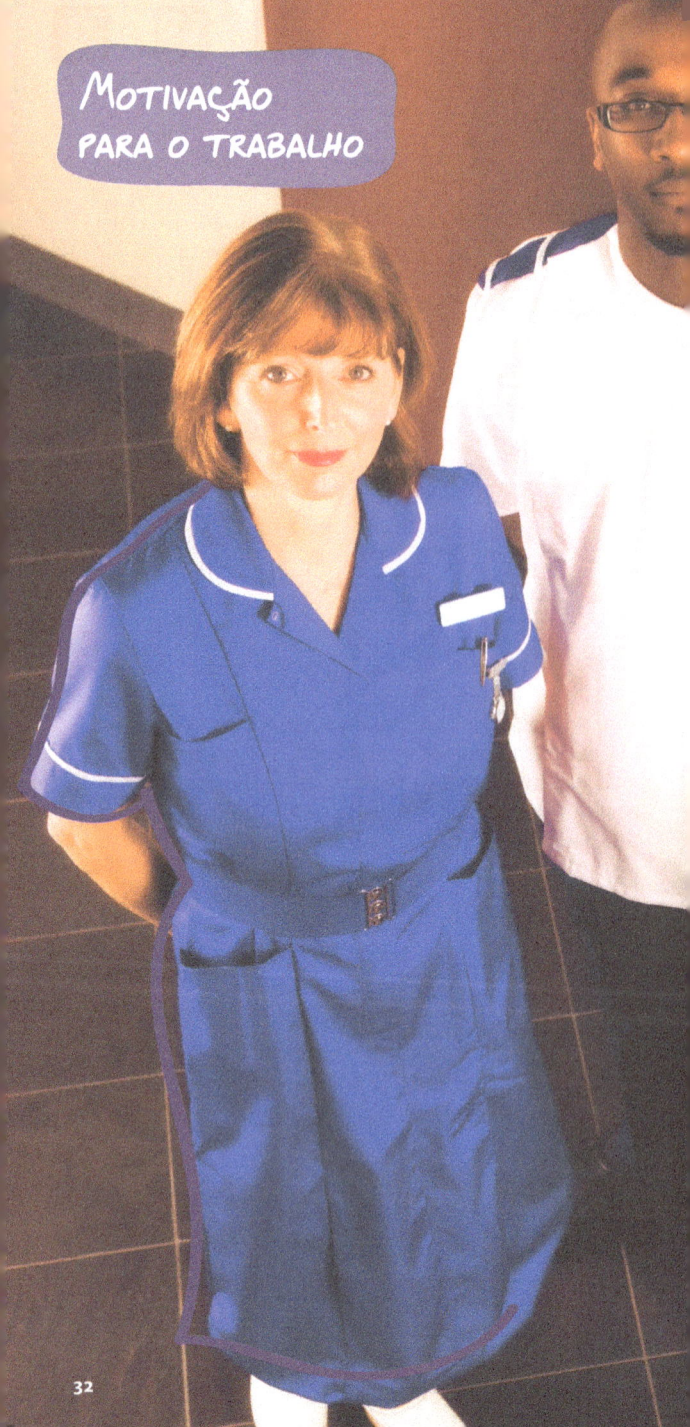

Muito se fala sobre motivação, mas o que essa palavra realmente significa? Motivação deriva da palavra *motivo*, que quer dizer "1 causa, razão [...] 2 o que se busca alcançar; objetivo, finalidade [...] (Houaiss; Villar, 2009). Você, por exemplo, tem suas motivações para ler este livro, ou seja, você deseja desenvolver-se profissionalmente, melhorar seus conhecimentos, buscar fontes de consulta quando estiver em dúvida, não é mesmo?

Mas como vai sua motivação? Você está fazendo tudo a seu alcance para realizar seus sonhos?

Os obstáculos são grandes demais? Se esse for o seu caso, leia o texto a seguir e descubra que a solução está dentro de você mesmo!

Iniciativa e motivação podem alavancar sua carreira*

*Extraído de Cardoso, 2011, grifo nosso.

Você sabia que quase 9 a cada 10 pessoas são demitidas não por causa de seus currículos ou falta de qualificação técnica e sim devido à suas atitudes e comportamentos? Impressionante, não é?

A verdade é que as organizações exigem, além de conhecimento técnico, **iniciativa e motivação de seus colaboradores**.

Não existe mais espaço para personagens nas empresas como aquela hiena do desenho animado que vive dizendo:

— Oh céus, oh vida, oh azar...!

Se você pretende crescer em sua carreira, deve urgentemente mudar seu comportamento e sua atitude e **tornar-se uma pessoa extraordinária em tudo o que faz!**

Mas como conseguir isso? Parece impossível!

Não, não é. A boa notícia é que você não terá que se tornar um super-homem ou uma mulher-maravilha do dia para noite e sim vencer a batalha mais difícil que tem e a única que realmente vale a pena: "**A Batalha com você mesmo!**"

Um integrante da equipe de Ayrton Senna comentou, em uma entrevista, que ele já era o *pole position* e que ninguém mais poderia ameaçar sua posição, mas ainda assim Senna queria voltar para a pista, pois estava convicto que poderia fazer um tempo ainda menor!

Tenha a INICIATIVA de começar agora!!

Essa é a batalha que eu recomendo. Faz parte de um processo conhecido pelos japoneses como KAIZEN, ou seja, "melhoria constante e incessante".

Em outras palavras, o seu objetivo deve estar focado em **fazer um pouco melhor hoje aquilo que fez ontem. ser um pouco melhor hoje do que foi ontem**.

Quão melhor? Um pouquinho apenas...

Uma melhoria de 1% ao dia pode acarretar em uma melhoria significativa ao término dos 365 dias do ano, e isso não me parece um desafio supremo.

Não é o que você faz de vez em quando que irá mudar a sua vida, e sim **o que você faz numa base regular e consistente, todos os dias, que irá gerar um resultado significativo em sua carreira**

Lembre-se, não existe mais espaço para o papel de empregado. A relação de trabalho mudou drasticamente na última década. Hoje o empresário que quer ser bem sucedido deve buscar ter empreendedores com iniciativa dentro do seu negócio e não só empregados.

Ele vai investir nos profissionais que fazem mais do que "somente a sua parte", mais do que acham que são pagos pra fazer, **que encaram seu departamento como seu próprio negócio**.

Você não pode se dar ao luxo de agir apenas como empregado, se quer continuar trabalhando, produzindo e ganhando dinheiro.

Você vai precisar dar muito mais de si, agindo como gestor de negócios, fazendo mais do que é pago para fazer, tendo a iniciativa de assumir uma **atitude empreendedora como a via certa para o seu crescimento**.

Essa mudança só é pwossível se houver **motivação**.

Segundo a *Revista Exame*, motivação é um fator determinante para a sobrevivência das empresas.

Porém a verdadeira motivação acontece de **dentro para fora**. Isso significa que você vai precisar encontrar o "seu motivo" para entrar em ação!

Esse motivo está ligado a suas metas pessoais.

Estabeleça objetivos concretos em sua vida, coloque datas para realizá-los e, dessa forma, você terá a iniciativa para mudar sua atitude e seu comportamento para ser um profissional extraordinário e conquistar uma carreira impecável!

Seja exigente com os seus resultados e com sua *performance*. Tenha iniciativa sim, mas tenha também "acabativa"! **Não adianta começar e não terminar seus projetos de vida**

Amigo leitor, acredite, sendo exigente com você mesmo, fazendo diariamente as seguintes perguntas antes de dormir:

- O que eu aprendi hoje que não sabia ontem?

- O que eu fiz hoje melhor do que ontem?

[Você estará ajudando a si mesmo a manter o foco] na melhoria constante e incessante.

O mercado está altamente exigente. **Não existe mais espaço para os profissionais generalistas, que entendem um pouco de tudo, e nem espaço para os especialistas, que entendem muito de uma coisa só!**

Atualmente o mercado exige que você seja um "multiespecialista", ou seja, que entenda muito de muita coisa.

Portanto, está na hora de começar, o momento de agir é agora, temos muito que aprender para podermos crescer e mudar.

Eu desejo que você não apenas leia essas linhas, mas que entre em ação, procure seus motivos, tenha iniciativa e, dessa forma, estará com toda certeza no *podium* entre os campeões e vencedores na vida!

COMPROMETIMENTO PROFISSIONAL

Você foi contratado e precisa do emprego. Mas não pense que fazer apenas o que lhe é determinado pela empresa irá lhe garantir a permanência na vaga de trabalho. Não buscar nenhuma melhoria, nenhum avanço profissional e cumprir apenas sua rotina de trabalho é a receita certa para a demissão, **pois seus clientes não percebem que você faz a diferença no seu local de trabalho**. Então, pergunte a você mesmo: "Será que sou um profissional comprometido? Quando vejo coisas que podem ser melhoradas, tomo a atitude para que essas melhorias aconteçam?".

Você vê quantas qualidades o profissional de zeladoria e segurança tem de possuir para desenvolver bem o seu trabalho e ter seu valor reconhecido? Mas não se desespere! *O desenvolvimento pessoal é algo que tem de ser feito no dia a dia, uma coisa por vez*. Apenas tenha todos os itens que analisamos como metas que você tem de alcançar e, posteriormente, ultrapassar!

Como buscar a qualificação profissional?

Em qualquer área nas relações modernas de trabalho, a qualificação profissional é fator primordial para manter a empregabilidade. Não basta fazer um curso de formação apenas – precisamos nos manter em permanente aperfeiçoamento profissional (educação continuada). Principalmente na área de zeladoria e segurança condominial, visto que se trabalha diretamente com a sociedade, com seus costumes e dinâmicas.

Fique de olho

Inicialmente, o mercado de trabalho exige dos profissionais de zeladoria e segurança condominial o nível de escolaridade correspondente ao *ensino médio*. No entanto, além da formação escolar, como dissemos anteriormente, os interessados nessa área de trabalho precisam ter conhecimento sobre *organização de escalas de serviço para equipes de trabalho*.

Caso você seja o zelador de um condomínio, *a escala de serviço dos porteiros e demais funcionários será de sua responsabilidade*. Para tanto, é importante que você esteja inteirado das regras dos sindicatos de cada categoria profissional, no que diz respeito à quantidade máxima de horas trabalhadas e aos turnos permitidos, *a fim de que seu condomínio não seja responsabilizado pelo Ministério do Trabalho por qualquer tipo de questão trabalhista*.

Além desse conhecimento organizacional e legal, você também precisará manter contato com empresas fornecedoras de material de limpeza e conservação. Existem no mercado empresas especializadas que oferecem informações e prestam consultoria para condomínios sobre esses tipos de materiais, mas você pode e deve saber quais são as reais necessidades do seu condomínio e buscar no mercado os melhores preços e produtos que atendam à necessidade do seu local de trabalho.

A **economia** é o fator primordial, visto que esses produtos serão incluídos na taxa de condomínio. Portanto, a qualidade e a quantidade usada está diretamente relacionada à sua ação de distribuição, fiscalização e controle desses produtos.

Pausa para leitura

Como você pôde observar, vontade de trabalhar na área de segurança e zeladoria não basta. Muitos conhecimentos são exigidos! Então, invista em você mesmo! Leia a matéria *Tá limpo! Como limpar de forma eficaz e manter o condomínio longe da sujeira*, de Viviane Marques, da revista *Condomínio & etc* (2008), que dá inúmeras dicas quentíssimas sobre economia de materiais de limpeza e conservação. Disponível em: <http://www.condominioeetc.com.br/37/capa.shtml>.

Não sabe por onde começar a pesquisar sobre a jornada de trabalho dos diferentes profissionais do condomínio? Uma boa dica é começar pela Consolidação das Leis do Trabalho (CLT), mais especificamente no Capítulo II – *Da duração do trabalho*, disponível em <http://www.planalto.gov.br/ccivil_03/decreto-lei/Del5452.htm>. Em seguida, visite os *sites* dos sindicatos de classe desses profissionais. Vale a pena dar uma olhada!

Como manter a empregabilidade

Você, que é profissional da área de zeladoria ou candidato a ingressar na área, precisa saber **como deve se portar em seu local de trabalho**, a fim de se manter empregado. Vamos verificar alguns aspectos importantes para que você seja reconhecido como um profissional por excelência, garantindo, dessa forma, sua permanência no mercado de trabalho:

Discrição:

Quando estiver atuando num condomínio, você terá acesso a uma grande quantidade de informações, principalmente sobre a vida de seus clientes. Se não mantiver o sigilo e a discrição necessários, poderá colocar em risco a sua atividade profissional e, ainda, colocar em situação de risco a vida dos condôminos. Portanto, **não é recomendável comentar, fornecer ou passar qualquer tipo de informação referente ao cotidiano do condomínio para qualquer pessoa estranha ao seu convívio profissional.**

Fique de olho

Caso você comente algo impróprio, facilitando ou fornecendo qualquer informação para pessoas não autorizadas, existe a possibilidade de o condômino relacionado à "fofoca" ser lesado, ofendido, até mesmo furtado! Em uma possível investigação do caso, as autoridades competentes podem chegar até você, que começou toda a confusão. Tome cuidado! Após alguns crimes cometidos contra condomínios, **as polícias verificam nos processos de investigação que, na maioria desses crimes, houve a participação consciente ou inconsciente de profissionais de zeladoria no vazamento de informações que facilitaram o cometimento do crime.**

Qualificação:

Como já vimos anteriormente, a qualificação é fator primordial para se manter empregado. Portanto, não esqueça: **nunca pare de estudar e, principalmente, de aprender.**

Visão empreendedora

Você sabe o que é **visão empreendedora**? Vamos a uma definição bastante objetiva: significa ter a iniciativa de se antecipar a uma tendência de mercado! Em outras palavras, ser empreendedor consiste em **visualizar novas oportunidades e ameaças que possam surgir na sua área de trabalho e tomar decisões para que suas ações sejam assertivas e de sucesso**. Mas saiba que toda ação empreendedora sempre tem riscos! Mas é somente aquele que aposta e corre riscos que terá a oportunidade de prosperar na atividade profissional. Quem não corre riscos nunca saberá se é capaz de ser um profissional bem-sucedido.

Inspeção dos conhecimentos

1. Explique o que você entende por *ética profissional*.

2. Dê um exemplo de motivação profissional.

3. Cite três atribuições ou competências do porteiro.

4. Por que a apresentação pessoal é fator primordial para a atuação dos profissionais de zeladoria e segurança?

5. Cite duas atribuições do zelador.

Momento investigação

Qual é o número de horas que um porteiro pode legalmente trabalhar por dia, segundo as leis trabalhistas?

Pesquise sobre a possibilidade de o síndico do seu condomínio ser uma pessoa não proprietária ou inquilina de uma unidade autônoma (apartamento).

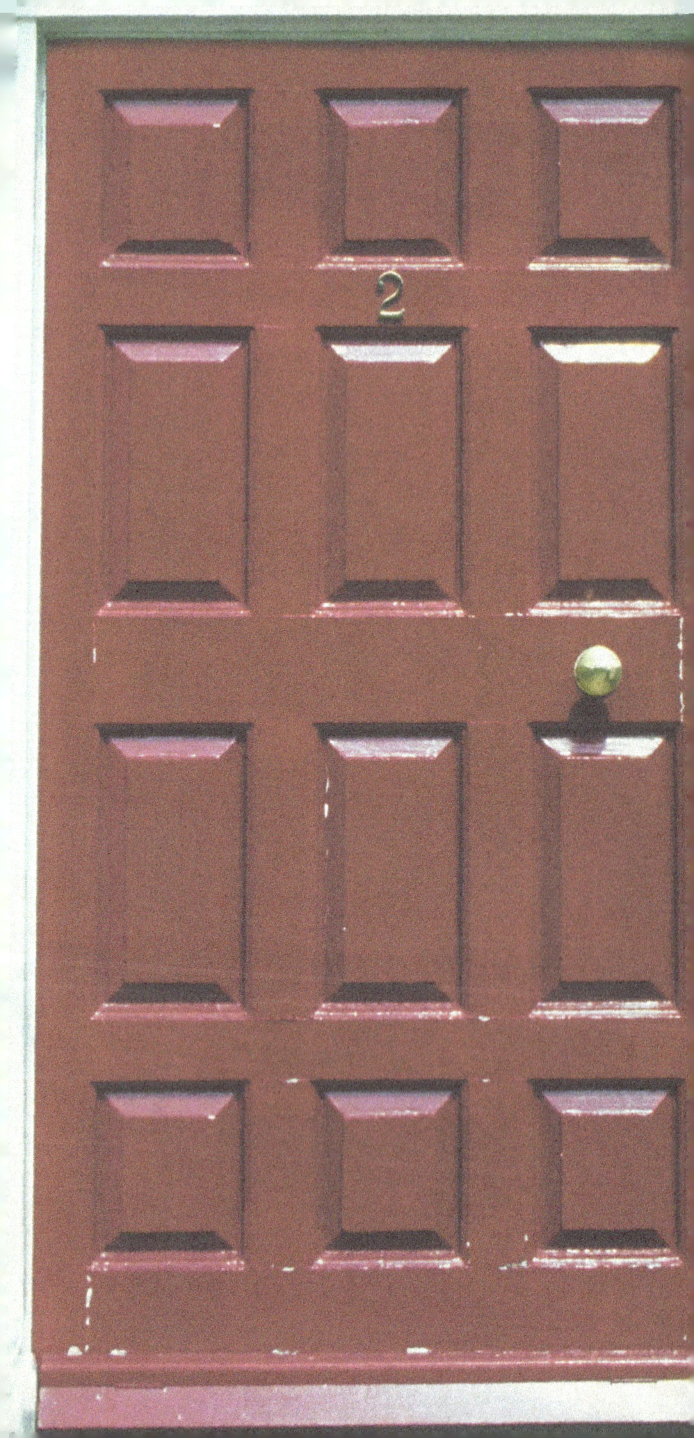
2

CONTROLE DE FLUXO DE **PESSOAS** E **MANUTENÇÃO** DO CONDOMÍNIO

Neste capítulo, iremos tratar das **técnicas de zeladoria e segurança condominial**. Mas, para isso, você precisa, primeiramente, entender o que significa o termo *técnica*.

Fique de olho

Técnica é a maneira como determinada atividade é realizada, devendo haver **qualidade, eficiência e eficácia** em sua execução.

Qualidade:

"característica superior ou **atributo distintivo positivo que faz alguém ou algo sobressair em relação a outros**" (Houaiss; Villar, 2009, grifo nosso). Em outras palavras, a qualidade deve ser a referência para o trabalho do profissional no dia a dia.

Eficiência:

"virtude ou característica de (alguém ou algo) ser competente, produtivo, **de conseguir o melhor rendimento com o mínimo de erros e/ou dispêndios**" (Houaiss; Villar, 2009, grifo nosso). Ou seja, o profissional, apesar de ser falho por natureza, já que é um ser humano, deve sempre buscar a excelência em tudo que faz.

Eficácia:

"qualidade de quem ou do que tem uma ação eficaz; capacidade, produtividade" (Houaiss; Villar, 2009). É a meta principal do profissional. A eficácia é toda e qualquer atividade bem-sucedida em todos os seus aspectos. Lembramos que **a eficácia não deve ser uma obsessão**. No entanto, querer acertar sempre é, além de uma postura nobre, um quesito mínimo para qualquer bom profissional.

Zeladoria: Atendimento aos públicos externo e interno

O passo a passo

Um dos aspectos mais importantes para o sucesso dos profissionais de zeladoria e segurança condominial é **conhecer os seus clientes** (condôminos). Isso significa que, além de conhecê-los fisicamente, você deve conhecer seus hábitos e costumes, pois o fator **segurança** está diretamente relacionado a esses fatores.

> Atenda a seu cliente sempre como você gostaria de ser atendido, ou seja, com educação, respeito e objetividade.

Se você conhecer esses comportamentos como se fossem os seus próprios, poderá impedir ou inibir inúmeros problemas em seu condomínio, *incluindo furtos e roubos*.

Mas, então, você se pergunta: *"Ora, furto e roubo não seriam a mesma coisa?"*. Bem, a diferença é sutil, mas muito importante. Veja a seguir como esses tipos de crime funcionam.

Furto:

Ocorre quando uma pessoa se apropria de coisa alheia móvel (um aparelho celular, por exemplo) sem que o dono perceba. Existe, ainda, o furto qualificado, que ocorre quando o contraventor (quem comete o furto) tem de destruir ou escalar algum obstáculo, utilizar-se de chave falsa (conhecida popularmente como *mixa* e tecnicamente denominada de *gazua*), cometer fraude ou abusar da boa-fé da vítima. No furto, **o indivíduo prejudicado nunca é ameaçado ou coagido**. Quem pratica um furto normalmente é denominado de *ladrão*.

Mas voltemos ao assunto dos perfis de condôminos com os quais você terá de conviver. Como você poderá observar em seu cotidiano, **as pessoas são extremamente diferentes umas das outras**. Até aí, nenhuma novidade. Mas você já parou para pensar como conduzir uma conversa com um condômino explosivo? E com um morador "tirano", que acha que todas as pessoas só existem

Roubo:

Nesse caso, o criminoso se utiliza, para subtrair coisa alheia, de **ameaça corporal à vítima**, valendo-se de arma branca (faca, canivete), arma de fogo (que pode ser até de brinquedo), ou vantagem numérica (quando duas ou mais pessoas ameaçam um indivíduo para obter algo que é dele). Esse contraventor é vulgarmente chamado de *bandido*.

para servi-lo? Será sua obrigação ter um contato profissional com essas pessoas, ou seja, você deverá saber "**engolir alguns sapos**", procurando tratá-las da melhor forma possível e ajudando no que estiver ao seu alcance, por mais que os condôminos dificultem.

Pensando nisso, vamos listar alguns **perfis mais difíceis de cliente** e a melhor maneira de contornar suas personalidades difíceis:

Perfis de condôminos e procedimentos de atendimento*

Egocêntrico

Características

Acredita que não deve esperar qualquer tipo de atendimento que seja. Passa por cima dos profissionais de zeladoria e segurança. Menospreza o síndico.

Abusivo

Características

É o tipo de pessoa que não poupa os outros de sua sinceridade. É rude e explosivo, normalmente grosseiro em seu tratamento com funcionários do condomínio.

Como lidar com ele

Leve-o para um lugar reservado, evitando que outros condôminos vejam a "cena". Não dê atenção à forma como fala, pensando apenas em resolver o problema dele. Mostre-se disposto a ajudá-lo, demonstrando uma atitude superior.

Como lidar com ele

Não permita que o ego dele prejudique seu trabalho. Não fale com ele sobre as normas do condomínio. Estimule o ego dele: "Para o senhor, posso fazer uma exceção".

Histérico

Características

Caso não consiga o que tem em mente, sua face fica corada, seu tom de voz fica mais intenso e sua fisionomia (seu rosto) se altera.

Como lidar com ele

Assim como o abusivo, caso a conversa seja pessoal, e não por telefone, o condômino histérico precisa ser levado a um local longe dos demais moradores. Caso sua reclamação seja infundada (injusta), mantenha as normas do condomínio em primeiro lugar. Se ele vier a ter razão, deculpe-se em nome da administradora do condomínio e procure resolver seu problema da melhor forma possível.

Parasita

Características

Um dos tipos mais incômodos, o condômino parasita é aquele que se aproveita da estrutura do imóvel sem se importar com os outros condôminos, com o agravante de que se nega a obedecer as regras do condomínio ou a ser penalizado em casos de infração, como estacionar em vagas destinadas a outros moradores ou fazer barulho em horários impróprios.

Ditador

Características

Acha que pode dizer como o trabalho dos profissionais deve ser realizado, mesmo que haja um manual de conduta já estabelecido.

Como lidar com ele

Não deixe que ele se imponha. Não esqueça que você obedece a um conjunto de procedimentos de trabalho determinado pela administradora do condomínio. Seja objetivo em seu tratamento, diga apenas o necessário sobre como você irá proceder no caso do reclamante.

Agora que você já tem uma boa noção de como proceder com os mais variados tipos de condôminos, vamos ver como você deve lidar com a rotina de atendimento dos públicos interno e externo.

Como lidar com ele

É importante ressaltar a esse tipo de condômino que há consequências legais para atitudes que prejudiquem o condomínio e seus moradores.

Fique de olho

Nunca esqueça: antes de atender qualquer cliente — interno ou externo —, a preocupação sempre será com o fator **segurança** (a sua e a dos condôminos). Daremos um enfoque especial ao trabalho de recepção, englobando tanto o público externo como o público interno de um condomínio.

Mas qual é a diferença entre esses clientes? Para responder a essas perguntas, vamos diferenciá-los:

Público interno

São todos os **moradores e funcionários domésticos de cada unidade autônoma** (apartamento) e os **funcionários do condomínio propriamente dito**.

Como cada ser humano tem sua forma de ser, **você precisa ter sempre em mente o respeito ao próximo** e ficar atento a pessoas com temperamento explosivo ou comportamento diferenciado.

Evite as brincadeiras de mau gosto, a fim de não promover promiscuidade. Até porque, se você der a oportunidade, desrespeitando as pessoas, outros com certeza o tratarão da mesma forma.

Público externo

Qualquer pessoa estranha ao quadro funcional do condomínio. O cliente externo podem ser os visitantes, parentes de condôminos, vendedores ou entregadores. Essas são *as pessoas que exigem a maior atenção por parte do profissional de zeladoria e segurança*, pois os objetivos dos indivíduos da comunidade externa são os mais variados, e seus comportamentos são extremamente diferentes uns dos outros. Mais adiante, trataremos de detalhes que têm implicação direta na atividade de recepção de pessoas do público externo, que, com certeza, é a parte de maior responsabilidade e risco para porteiros e zeladores.

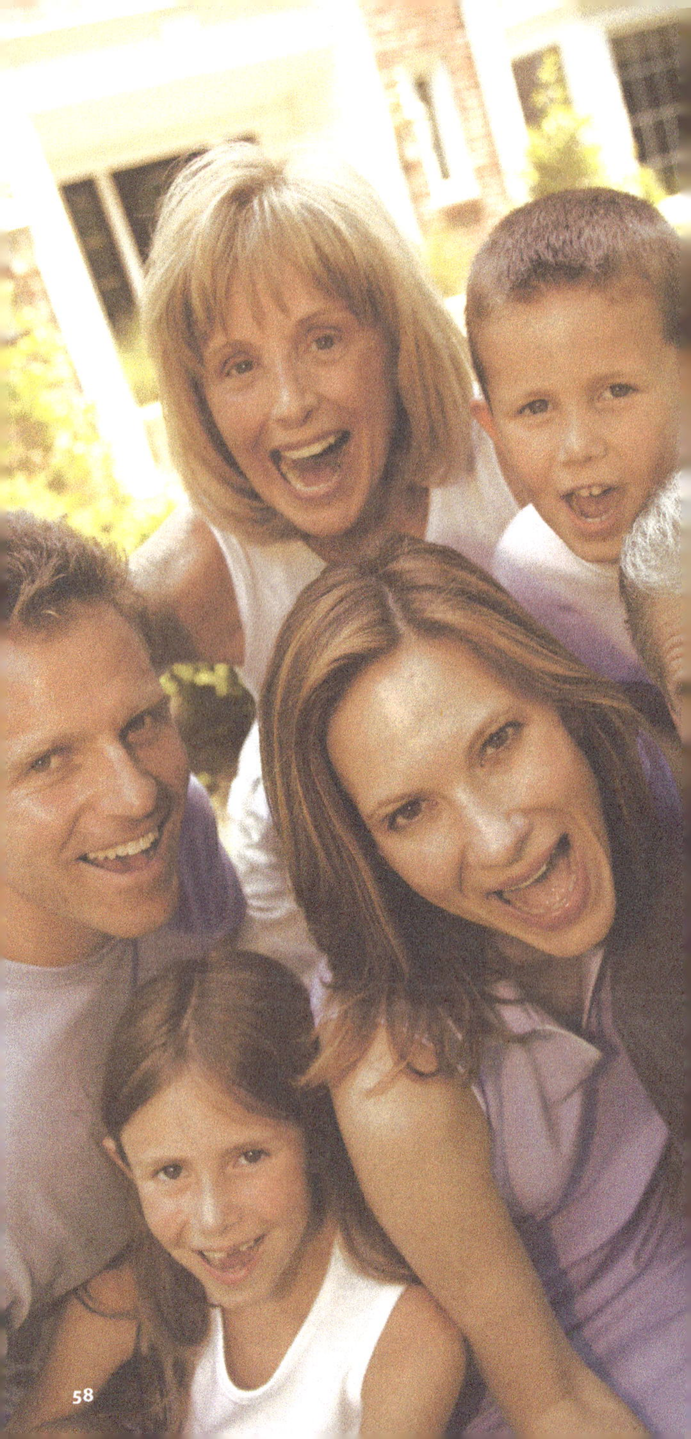

Resumindo

O público interno, como já vimos, são **os que têm acesso livre ao condomínio**, mas controlado pelo serviço de zeladoria do imóvel. O público externo, por sua vez, são **aqueles clientes que precisam ser identificados de forma criteriosa** para que possam receber autorização para entrar no condomínio.

Não existe uma fórmula mágica para recepcionar pessoas, pois as soluções referentes ao atendimento de clientes são fruto da vivência profissional de cada um. De qualquer forma, **existem alguns procedimentos que você pode seguir para não ter maiores problemas**. Primeiramente, lembre-se das dicas que demos no Capítulo 1 a respeito do perfil do profissional de zeladoria e segurança. Elas são importantíssimas, pois representam a postura do funcionário que pretende ser o **cartão de visita do condomínio**.

Já mentalizou as dicas? Então, vamos compreender, passo a passo, a atividade de recepção de pessoas, começando pela **abordagem**, que é o primeiro contato que você fará com o cliente. Nunca se esqueça da segurança: esse contato deverá se dar através dos **equipamentos e dispositivos de segurança existentes no seu condomínio**, ou seja, dos interfones, telefones ou quaisquer outros dispositivos. Seja objetivo, procure identificar as intenções do cliente, sendo sempre educado, procurando sempre fazer a saudação de acordo com o horário do dia.

Controle de Entrada de Pessoas

Para facilitar essa tarefa, é necessário que a administração do condomínio disponibilize as seguintes informações ao serviço de portaria:

Manter atualizada a **lista ou relação de moradores e seus dependentes** por unidade.

Manter atualizada uma **lista de todas as placas dos veículos** dos clientes internos do condomínio.

Manter atualizada na portaria a **lista de funcionários domésticos** por unidade autônoma (apartamento).

Manter atualizada a **lista dos prestadores de serviço** do condomínio.

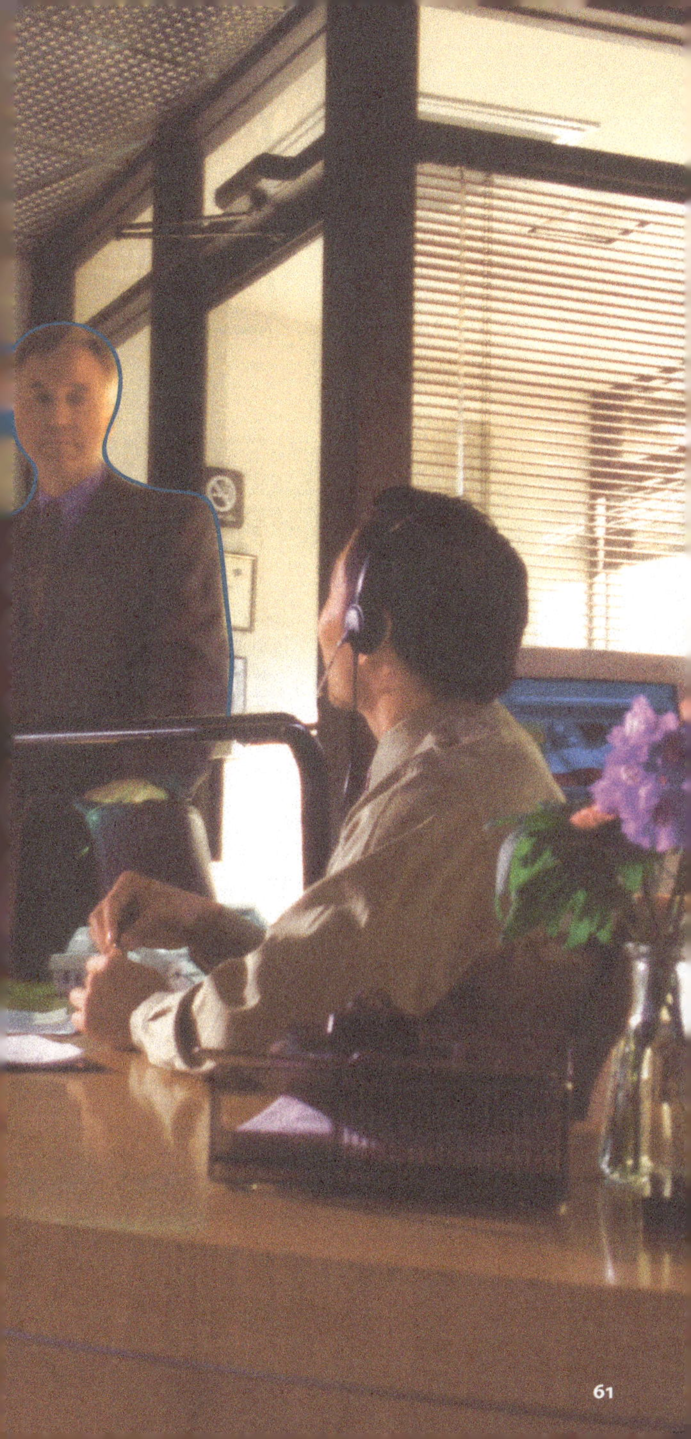

Esses quatro itens citados anteriormente facilitam a sua vida como porteiro ou zelador, pois a atualização constante das listas lhe permite **checar se a pessoa que está pretendendo entrar no condomínio é um cliente interno ou externo**.

De posse das informações disponíveis na portaria, ficará mais fácil uma boa triagem dos clientes externos, como você pode observar a seguir.

Lembre-se de que, nessa fase do atendimento, recomenda-se atenção redobrada, pois é nesse momento que você irá identificar uma possível tentativa de intrusão.

- ☑ Verificar a **identificação do visitante**, o assunto a ser tratado e com quem ele deseja falar.

- ☑ **Prestar atenção no tom de voz do visitante, bem como na sua expressão corporal**. Se o visitante estiver hesitante, negando-se a completar as informações solicitadas, como o nome do condômino, número do apartamento e o que realmente deseja fazer, **você não deverá completar os dados**, pois esta é uma tática típica que marginais usam para obter informações e invadir condomínios.

- ☑ Registrar os dados do visitante em formulário próprio.

A identificação do visitante (cliente) é tarefa árdua, visto que **alguns clientes não gostam de fornecer dados de sua identificação**. Casos típicos desse perfil de público externo são aqueles que possuem algum tipo de vínculo familiar com algum condômino, ou os que possuem algum cargo de prestígio ou relevância social, tais como policiais, juízes, delegados etc.

Fique de olho

Mesmo nesses casos, tenha sempre em mente o seguinte: para você, profissional de zeladoria e segurança, esse tipo de cliente é exatamente igual aos demais: deve ser tratado com respeito, mas também com igualdade.

Perguntas frequentes

Caso o cliente se negue a fornecer a identificação, que deve ser um documento com foto, o que você deve fazer?

A resposta é simples: informar que, segundo as normas de segurança do condomínio, **ele não será autorizado a entrar no prédio**, a não ser que seja identificado visualmente pelo condômino e este se responsabilize pela sua entrada no prédio.

Caso o cliente se identifique, **pegue seu documento por meio de dispositivo seguro**, registre sua presença em livro próprio ou programa de computador designado para isso.

Este registro deve conter preferencialmente o nome completo do visitante, o número de um documento oficial de identificação, a data e o horário de acesso ao condomínio, os dados da pessoa que autorizou a entrada e, se for caso, o assunto a ser tratado. Neste registro deve conter um campo para o registro da saída deste cliente do prédio.

Atenção!

Somente duas pessoas podem autorizar um visitante ou prestador de serviço a entrar no condomínio: são eles **os condôminos e o síndico**. Mas não esqueça: a entrada só é permitida após todo o processo de identificação para garantia de que o visitante não é um intruso (ladrão ou bandido).

Para tanto, você deve usar os recursos de comunicação disponíveis na portaria ou guarita, que devem estar sempre em perfeito estado de funcionamento. O uso correto dos interfones, telefones, rádios (HT), é indispensável para que você possa fazer uma boa triagem das pessoas que pretendem entrar no condomínio.

Você não deve ter pressa ao identificar um visitante ou prestador de serviço. Lembre-se sempre de que da sua ação depende a segurança de todos dentro do condomínio, inclusive a sua!

Resumindo, a receita para o sucesso de uma triagem bem feita é: manter a calma; ser criterioso; obedecer a todas as normas e regras de segurança do seu condomínio, e, principalmente, conhecer seus clientes e os hábitos destes.

Agora que você já fez a identificação do cliente e já recebeu a autorização para que ele entre no condomínio, vejamos qual devem ser os próximos procedimentos:

1. Preferencialmente, o visitante não deve ter contato físico, ou direto, com o porteiro ou zelador, a fim de evitar qualquer tipo de situação de risco.

2. O visitante não deve ter acesso à guarita, pois esse local é reserva para a segurança do condomínio.

3. O porteiro ou zelador não deve abandonar a portaria para orientar o visitante dentro do condomínio. Se o cliente não souber como chegar até o local pretendido, o profissional de zeladoria e segurança deve orientá-lo pelo interfone e/ou requisitar a presença do morador solicitado para que este venha recebê-lo.

Controle de entrada de correspondências, materiais e entregas no condomínio

Outra atividade extremamente complexa do profissional de zeladoria e segurança é o **controle de entrada de materiais e equipamentos no condomínio**. Mas, antes de abordarmos esse tema, precisamos esclarecer alguns detalhes:

- A portaria, ou guarita, não é almoxarifado ou depósito de materiais. Esse local é e deverá ser sempre uma célula de segurança, lugar de onde se controla e mantém o condomínio seguro.

- Você deve ter em mente que não é funcionário particular dos condôminos, mas, sim, da empresa administradora do condomínio. Portanto, você deve cumprir as ordens de segurança determinadas pela organização para a qual você trabalha.

- Você tem a obrigação de receber apenas correspondências referentes a produtos, documentos e materiais pertinentes às atividades diretas da administração do condomínio.

As encomendas particulares dos condôminos

> Identifique o entregador, faça contato com a unidade para a qual a encomenda é destinada e solicite que o morador ou seu representante venha fazer o recebimento do material.

> Se o morador não estiver em sua unidade ou não houver nenhum funcionário doméstico para receber a encomenda, você não deve recebê-la, devendo informar ao entregador que retorne em outro horário.

Você sabe a diferença entre uma encomenda comum e uma correspondência? Qual delas você tem a obrigação de receber? Não? Então, para você não se confundir mais: correspondência é **todo e qualquer produto ou documento entregue pela Empresa Brasileira de Correios e Telégrafos (ECT)**. Você tem a obrigação de recebê-los, podendo ser responsabilizado se não tiver o devido zelo e guarda sobre eles até que sejam entregues aos seus destinatários.

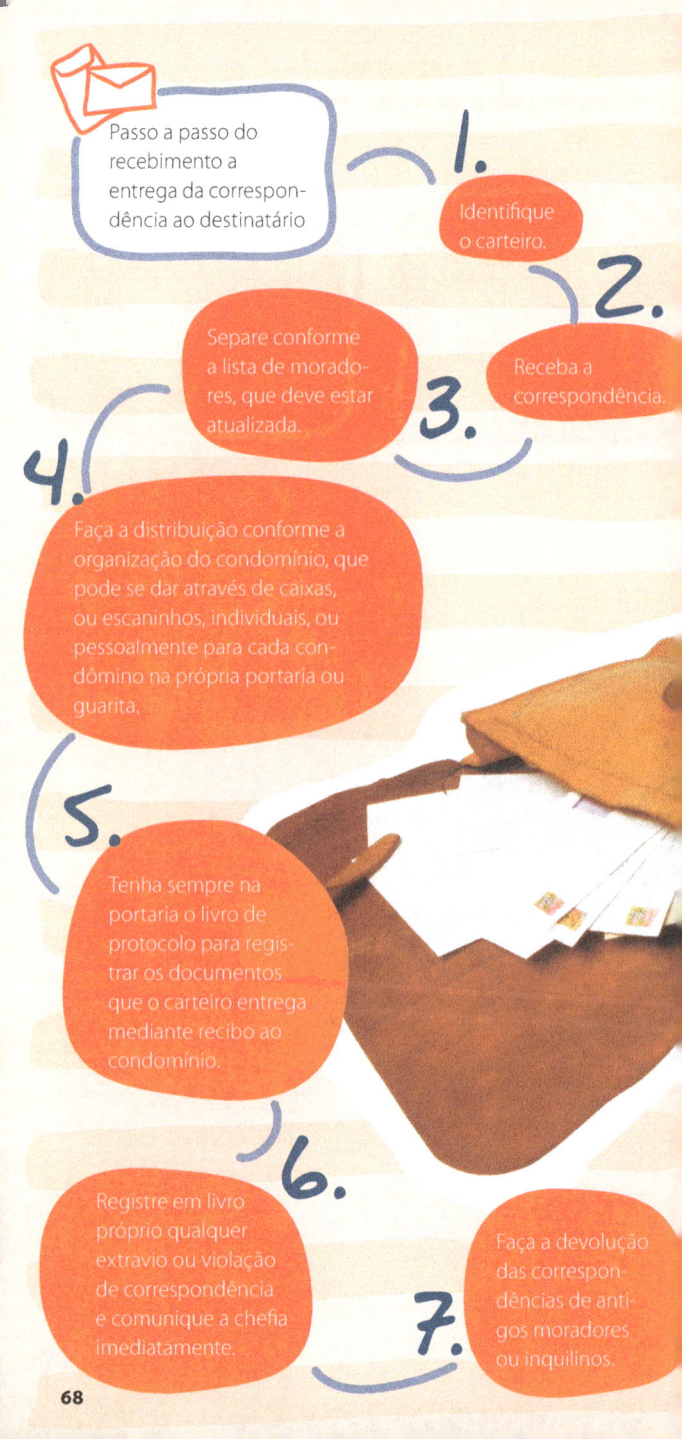

Passo a passo do recebimento a entrega da correspondência ao destinatário

1. Identifique o carteiro.

2. Receba a correspondência.

3. Separe conforme a lista de moradores, que deve estar atualizada.

4. Faça a distribuição conforme a organização do condomínio, que pode se dar através de caixas, ou escaninhos, individuais, ou pessoalmente para cada condômino na própria portaria ou guarita.

5. Tenha sempre na portaria o livro de protocolo para registrar os documentos que o carteiro entrega mediante recibo ao condomínio.

6. Registre em livro próprio qualquer extravio ou violação de correspondência e comunique a chefia imediatamente.

7. Faça a devolução das correspondências de antigos moradores ou inquilinos.

Não esqueça de que alguns crimes já foram cometidos por falsos carteiros!

Se o seu condomínio não dispõe de dispositivo de segurança (passa-volumes) para que você possa receber as correspondências e demais encomendas de forma segura, ou seja, sem contato físico com o entregador ou carteiro, fique atento! Na dúvida, tome todas as medidas preventivas para evitar um assalto. Identifique o carteiro, saiba em qual central de distribuição ele está lotado e tenha o telefone desse local.

Seguem alguns dos modelos de **passa-volumes** que podem ser instalados nas portarias ou guaritas. Esses dispositivos evitam que falsos entregadores e carteiros cometam crimes, pois eles não terão como coagir os profissionais do condomínio.

As fotos ilustrativas dos passa-volumes foram gentilmente cedidas pela Blindare Blindagem Arquitetônica (2011) – http://www.blindare.com.br.

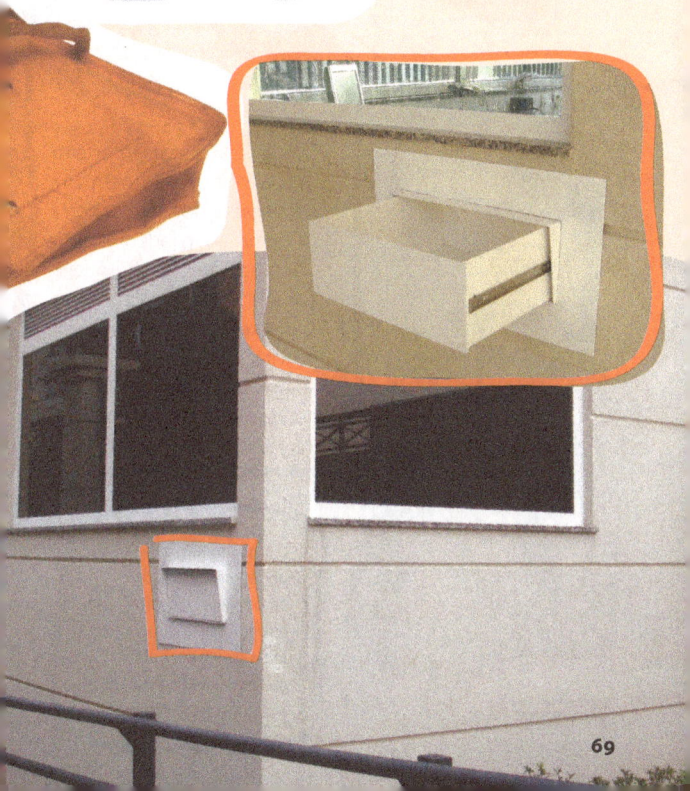

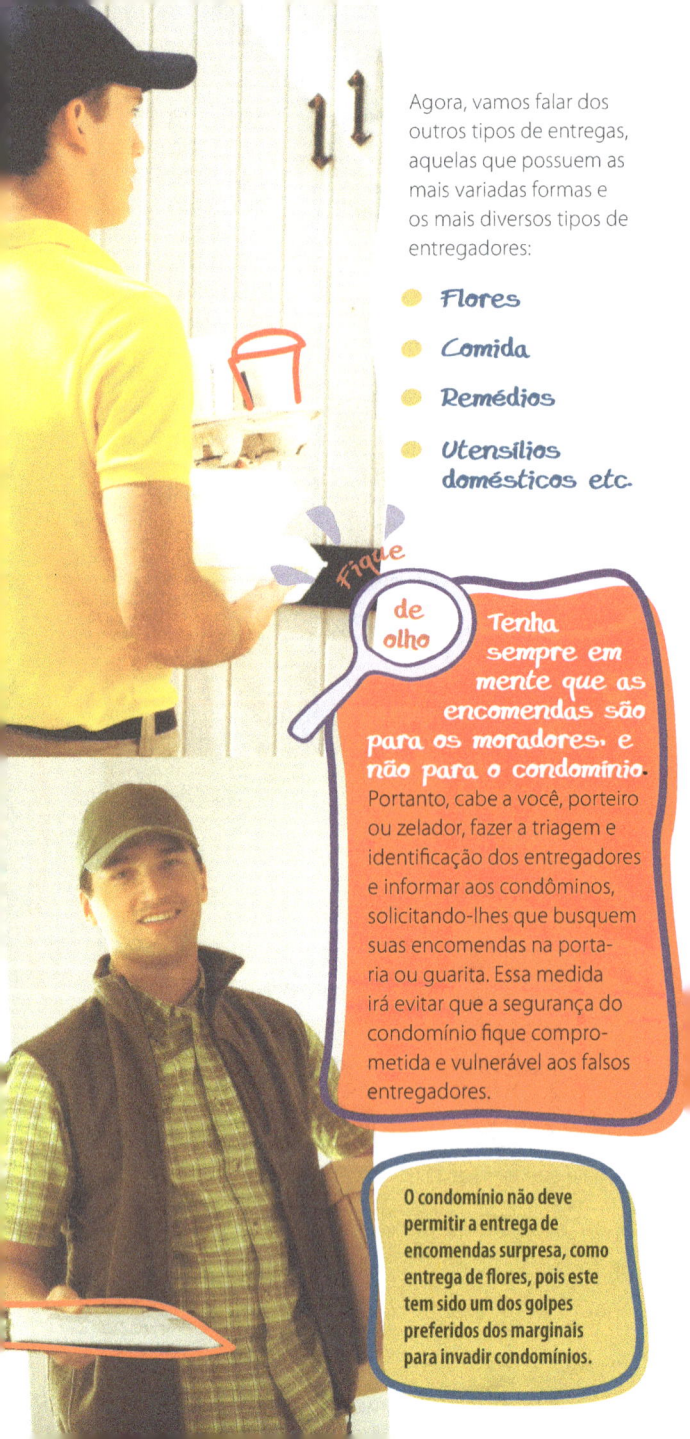

Agora, vamos falar dos outros tipos de entregas, aquelas que possuem as mais variadas formas e os mais diversos tipos de entregadores:

- *Flores*
- *Comida*
- *Remédios*
- *Utensílios domésticos etc.*

Fique de olho

Tenha sempre em mente que as encomendas são para os moradores, e não para o condomínio. Portanto, cabe a você, porteiro ou zelador, fazer a triagem e identificação dos entregadores e informar aos condôminos, solicitando-lhes que busquem suas encomendas na portaria ou guarita. Essa medida irá evitar que a segurança do condomínio fique comprometida e vulnerável aos falsos entregadores.

O condomínio não deve permitir a entrega de encomendas surpresa, como entrega de flores, pois este tem sido um dos golpes preferidos dos marginais para invadir condomínios.

Fique de olho

Outro fator importante que devemos ressaltar é que não adianta uma boa triagem e identificação do entregador na portaria se, em seguida, ele tiver livre acesso às dependências do condomínio! Vamos enfatizar: **o entregador, preferencialmente, não deve entrar no condomínio**, a não ser em casos especiais, tais como a entrega de móveis e/ou objetos de maior peso. Nesse caso, o entregador deve ser acompanhado pelo zelador ou morador.

Você deve ter observado que temos persistido nesses casos de *invasão de condomínios*. Exagero? Leia as matérias selecionadas nas páginas seguintes e entenda como pequenos deslizes na segurança de um condomínio podem ter grandes consequências nas vidas dos condôminos:

Virou notícia!!

Assaltos a condomínios crescem em SP;

especialistas recomendam qualificação de funcionários

Os casos de arrastão a condomínios na cidade de São Paulo cresceram neste ano. Em dois meses já foram registradas cinco ocorrências. No ano passado, ao todo, foram sete. Nesta segunda-feira (2), uma quadrilha assaltou apartamentos de um edifício em Perdizes, zona oeste de São Paulo.

Munido do controle remoto do portão do prédio, um dos criminosos invadiu o edifício e rendeu o porteiro. A partir daí, aproximadamente 30 homens invadiram o prédio – parte deles estava em três carros. Houve tiroteio com a polícia e um suspeito morreu; outros três foram presos.

[...] (Assaltos..., 2009).

Condomíni invadido p

O Condomínio Morada Sul, na rua Juarez Milete, bairro do Jiquiá [Recife, Pernambuco], foi invadido por assaltantes na madrugada de hoje. Depois de escalar um dos prédios, os ladrões entraram em um apartamento do terceiro andar e roubaram celulares, aparelhos MP4, R$ 200,00 e uma aliança. Os assaltantes entraram em

Condomínio de luxo é assaltado em Curitiba

Dez homens fortemente armados assaltaram um condomínio de luxo, na manhã de ontem, no Campo Comprido. Os marginais, que estavam em três veículos, renderam moradores de três casas e levaram dinheiro, joias e aparelhos eletrônicos.

Moradores e funcionários das residências foram feitos reféns e trancados em cômodos. Durante a ação, um morador atropelou um dos bandidos e levou uma coronhada na cabeça.

[...] (Monteiro, 2010).

---

apartamento vizinho pois de cortar a tela de proção da varanda e roubaram notebook e uma bolsa. condomínio, formado por is prédios, é cercado por um uro de quase dois metros e m guarita de segurança.

]

odos os casos apresenam semelhanças: durante a madrugada, bandidos escalam prédios, entram nos apartamentos por janelas ou varandas, vão até os quartos onde há pessoas dormindo, mas nenhuma vítima acorda. Destemidos, recolhem o que querem e fogem. Só no dia seguinte, as famílias descobrem que foram vítimas dessa ação ousada.

[...] (Condomínio..., 2011).

Controle de saída de materiais do condomínio

Agora vamos falar da **saída de materiais no condomínio**.

Esta é uma tarefa que cabe normalmente ao zelador, visto que esse profissional tem a responsabilidade sobre o gerenciamento da manutenção e limpeza do condomínio.

Quando o condomínio contratar prestadores de serviço, **o zelador tem de acompanhar as atividades destes**, devendo vistoriar a entrada e saída de materiais que entram e saem do condomínio. Quando a administração do condomínio tiver de mandar algum equipamento para o conserto, o zelador ou síndico emitirá uma ordem de serviço para ter o controle sobre os materiais que estão saindo do imóvel.

Já na portaria, **a saída de materiais das unidades autônomas (apartamentos) é de inteira responsabilidade dos moradores**, não cabendo ao porteiro fiscalizar esse tipo de fluxo. Portanto, as chaves dos apartamentos não devem ficar sob a responsabilidade desse profissional. Essa prática evita que o condomínio possa ser envolvido em furtos e roubos nas unidades autônomas.

Fique de olho

Os profissionais do condomínio precisam observar e cumprir a lei em todas as suas atividades e ações, mesmo que em alguns lugares sejam permitidas ações e posturas ilícitas (contra a lei).

Entre as atividades do profissional de zeladoria e segurança, consta a atividade de **receber pessoas que devem apresentar documento de identificação para poder entrar nas dependências do condomínio**. Mas atente para o seguinte detalhe: quando você identificar alguém na portaria através de um documento pessoal, esse documento nunca deve ser retido.

Vamos ver a legislação que dispõe sobre apresentação de documentos de identificação pessoal – Lei nº 5.553, de 6 de dezembro de 1968 (Brasil, 1968).

Art. 1º A nenhuma pessoa física, bem como nenhuma pessoa jurídica, de direito público ou de direito privado, é lícito reter qualquer documento de identificação pessoal, ainda que apresentado por fotocópia autenticada ou pública – forma inclusive comprovante de quitação com o serviço militar, título de eleitor, carteira profissional, certidão de nascimento, certidão de casamento, comprovante de naturalização e carteira de identidade de estrangeiro.

Art. 2º Quando, para realização de determinado ato, for exigida a apresentação de documento de identificação, a pessoa que fizer a exigência fará extrair no prazo de cinco dias, os dados que interessarem, devolvendo em seguida o documento ao seu exibidor.

Parágrafo único. Além do prazo previsto neste artigo, somente por ordem judicial poderá ser retido documento de identificação pessoal.

[...]

(Brasil, 1968)

Manutenção e conservação das áreas comuns dos condomínios

Nesta seção, iremos falar sobre os **cuidados básicos para manter a ordem e a segurança do condomínio**. Para tanto, veremos a importância da manutenção e conservação dos seguintes locais:

Piscinas:

A qualidade da água, que deve ser tratada de forma adequada, é a primeira preocupação quanto a essa área comum. Normalmente, os condomínios contratam empresas para realizar esse serviço, mas, em alguns casos, o zelador é treinado em empresas especializadas para executar essa tarefa. Além do cuidado com a pureza da água, deve-se tomar cuidado para que **as piscinas não se tornem locais de risco de afogamento para crianças pequenas**. Por isso, devem sempre fazer parte dos equipamentos de segurança das piscinas de condomínios placas de orientação ou até mesmo grades de proteção que impeçam que crianças desacompanhadas se machuquem ou se afoguem, para que os riscos de acidentes sejam evitados ao máximo.

Churrasqueiras:

Alguns condomínios contam com churrasqueiras com quiosques individuais. O condomínio faz um controle sobre o uso dessa área, normalmente cobrando uma taxa de limpeza para que o morador a utilize. Em alguns casos, o condomínio fica responsável pela manutenção e limpeza depois de as churrasqueiras serem utilizadas, **ficando a cargo dos profissionais de zeladoria e segurança controlar os materiais do local e informar ao síndico no caso de extravio ou dano nos equipamentos utilizados**, para que o condômino responsável possa ressarcir o imóvel. Em grande parte dos **condomínios horizontais** (prédios), as churrasqueiras ficam no salão de festas. Nesse caso, a locação ou uso dessa área sempre se dará mediante agendamento com a zeladoria, que ficará responsável por manter esse local em ordem.

> Opa! O que é "condomínio horizontal?" E o que viria a ser "condomínio vertical?" Você quer ver como imobiliárias confundem essas expressões no momento de vender seu imóveis e quais são os conceitos corretos desses termos? Acesse o *link*: http://www.portalvgv.com.br/site/qual-a-diferenca-entre-condominio-horizontal-ou-vertical.

Salão de festas:

Esse normamelmente é local mais requisitado das áreas comuns do condomínio. Para tanto, **esse lugar deve estar sempre limpo e organizado**, cabendo ao zelador a manutenção desse local.

Quadras poliesportivas:

Como essa área pode ser revestida por diferentes materiais, o primeiro cuidado é saber de que material se trata, visto que, para a limpeza ou lavagem desta, é necessário usar materiais de limpeza adequados à sua construção, a fim de evitar danos à sua superfície. É importante **manter um cronograma de limpeza que evite reclamações dos usuários**.

Garagens:

Cada vaga de estacionamento precisa estar devidamente demarcada para uso particular dos condôminos, conforme a disponibilidade do condomínio. Esse espaço precisar estar bem sinalizado, a fim de evitar dúvidas sobre o local destinado a cada morador ou até mesmo acidentes. Existem em alguns condomínios estacionamentos ou locais específicos para visitantes, que também devem ser fiscalizados pelo serviço de zeladoria. Como se trata de uma área de intenso tráfego de automóveis, **é muito importante que as garagens estejam devidamente sinalizadas de modo a evitar que crianças brinquem nessas dependências**.

Jardins:

O cuidado dos jardins normalmente cabe ao zelador, mas em condomínios com grandes áreas podemos ter vários funcionários para esse fim. **A poda de arbustos, árvores e flores, bem como a substituição de plantas sazonais e a irrigação** são as tarefas mais comuns relacionadas a essa atividade.

Centrais de gás:

Esse é um local extremamente sensível. **Precisa ser arejado e possuir extintores de incêndio apropriados para o local de acordo com a quantidade de gás armazenado.** A limpeza nesse local deve ser acompanhada sempre pelo zelador. Se isso não for possível, é necessário orientar o funcionário da limpeza sobre os possíveis riscos em relação à presença de vazamento de gás.

Lixeiras:

A limpeza desse local deve ser diária, pois pode ser o foco de insetos e outros seres transmissores de doenças, o que pode comprometer a saúde dos condôminos.

A saúde e apresentação do condomínio dependem diretamente do zelo e da higiene das áreas comuns. Portanto, você, profissional de zeladoria e segurança, terá essa atribuição e deverá saber que, além de manter a ordem e a organização do condomínio, estará preservando a sua saúde e a dos moradores do imóvel.

Fique de olho

Não podemos esquecer que, nesta nobre tarefa, o fator **economia dos produtos e materiais utilizados** é extremamente importante. Cabe ao zelador a distribuição e orientação com relação ao uso e quantidade correta de cada produto distribuído aos funcionários domésticos do condomínio. No término das tarefas, é necessário fazer o recolhimento e avaliar se os serviços foram executados com perfeição e se os materiais retornaram em condições normais de uso.

Manutenção e uso correto dos elevadores*

Esta seção foi elaborada com base em Faz Fácil (2011).

O sistema de elevadores, caso seu condomínio conte com um, deverá estar sempre em perfeito estado de funcionamento. Cabe ao profissional de zeladoria e segurança vigiar para que esse meio de transporte seja mantido em ordem, **pois os acidentes envolvendo esse mecanismo normalmente são fatais**.

Observe a seguir algumas orientações que são de uso das empresas de prestação de elevadores.

O que você sempre deve fazer:

Antes de abrir a porta do andar em que se encontra, **verifique sempre se a cabine está no piso**.

Não apresse o fechamento das portas, pois elas têm uma programação já planejada.

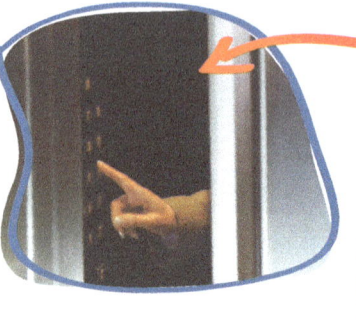

Evite que crianças transitem sozinhas em elevadores.

Não acione o botão de chamada dos elevadores repetidas vezes, pois esse transporte é programado para ir a todos os pavimentos. **Evite movimentos violentos no interior da cabine do elevador.**

Como sabemos, o elevador é um veículo. Portanto, **atente para a capacidade máxima de passageiros**. É um detalhe de segurança vital!

Evite movimentos violentos no interior da cabine do elevador.

Não coloque obstáculos para bloquear as portas do elevador.

Em caso de incêndio

O elevador nunca deve ser utilizado.

O abandono do edifício deve ser feito pelas escadas.

O plano de abandono do condomínio deve ser obedecido à risca, conforme treinamento.

Em caso de pane causada por falta de energia ou falha mecânica, siga as orientações inseridas na parte interna da cabine

Mantenha a calma.

Acione o botão de alarme ou utilize o interfone para solicitar auxílio.

Atenção!

A maioria dos elevadores é monitorada por circuito fechado de TV (CFTV). O porteiro tomará todas as medidas nesses casos, portanto:

→ Não force as portas nem tente sair por conta própria.

→ Entre no elevador calmamente, evitando, dessa forma, colidir com outros usuários. Espere que os ocupantes do elevador saiam ordenadamente para só então vocês entrar.

Inspeção dos conhecimentos

1. Descreva as diferença entre furto e roubo.

2. Existem diferenças na abordagem e identificação dos públicos interno e externo? Se existem, quais são?

3. Qual é a diferença entre os públicos interno e externo?

4. Em que condição você pode reter o documento de uma pessoa na portaria de um condomínio?

5. Quando houver uma pane no elevador e duas pessoas estiverem presas nele, o que você, profissional de zeladoria e segurança, deve fazer?

Momento investigação

A segurança do seu condomínio depende, em grande parte, da atitude e das ações dos seus funcionários de zeladoria e segurança. Mas será que não existem outros fatores que podem interferir na segurança do seu condomínio que possamos não ter pensado em nossa obra? Pesquise a resposta na internet ou em condomínios perto de sua residência, ou no seu mesmo, e escreva sua reposta.

Exercitar é preciso!

Os furtos e roubos são atos danosos ao condomínio. O que podemos fazer para que esses crimes diminuam ou deixem de existir? Pesquise na internet soluções criadas por condomínios de sua região.

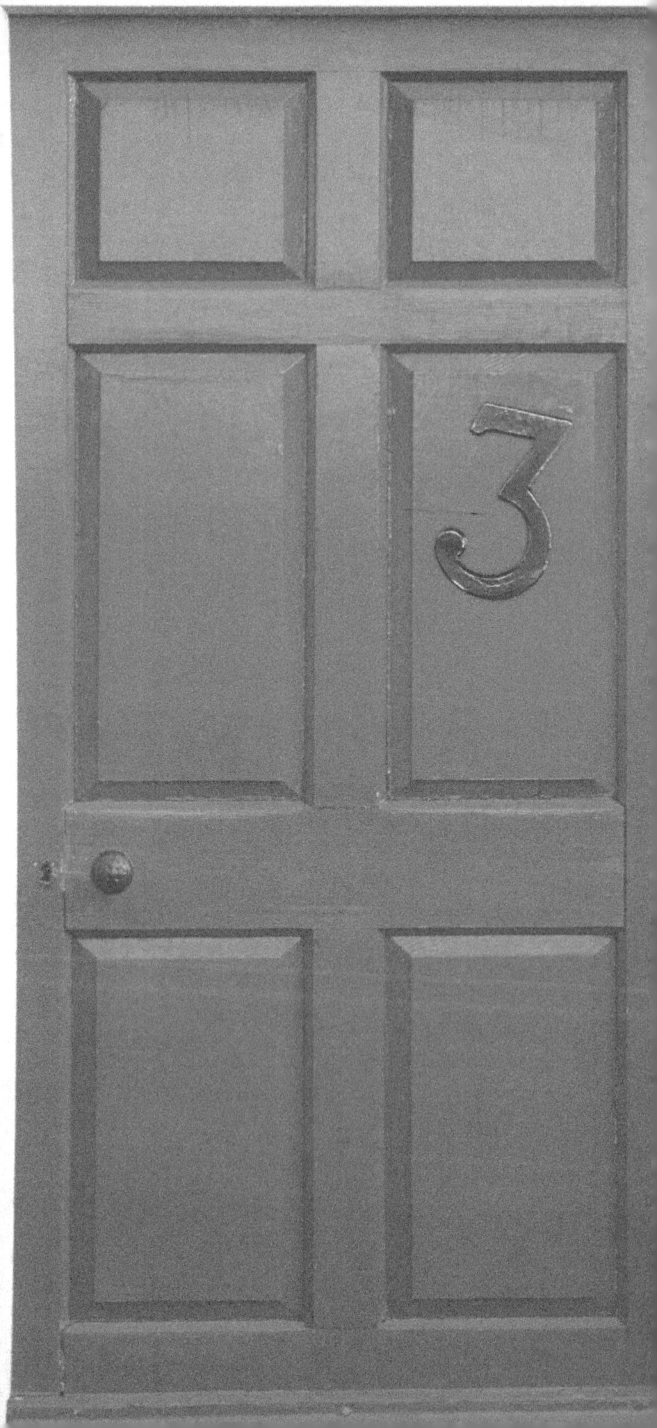
3

Conhecimentos básicos de legislações relacionadas ao trabalho de zeladoria e segurança

Para que você exerça plenamente e com tranquilidade suas atribuições como profissional da área de zeladoria e segurança condominial, você precisa ter conhecimento pleno de algumas leis. Vamos a elas:

Constituição Federal de 1988 (Brasil, 1988):
Criada após a redemocratização de nosso país, em 1984, a chamada *Lei Maior* rege todas as demais leis que dão vapoio legal às atividades desempenhadas pelos cidadãos brasileiros.

Estatuto da Criança e do Adolescente (ECA):
Lei nº 8.069, de 13 de julho de 1990 (Brasil, 1990) – Trata dos direitos das crianças e dos adolescentes e dos deveres da família e da sociedade como um todo em relação a eles, determinando, inclusive, penalidades em caso de negligência (como abandono ou maus-tratos).

Estatuto do Idoso:
Lei nº 10.741, de 1º de outubro de 2003 (Brasil, 2003) – Trata dos direitos do idoso, que abrangem a proteção dos indivíduos que se encontram nessa faixa etária, bem como o acesso diferenciado a locais, serviços, bens culturais etc. Grande passo na defesa da dignidade dessa grande parcela da população brasileira.

Lei do Condomínio:
Lei nº 4.591, de 16 de dezembro de 1964 (Brasil, 1964) – Regulamenta todas as relações dentro de um condomínio, desde o regimento interno, o rateio das despesas, a administração do condomínio até as infrações cometidas dentro desse espaço e suas respectivas penalidades.

Você pode até pensar: "Só isso?". *Não se iluda!* Alguns desses diplomas legais (leis) podem custar meses, talvez até anos, de leitura atenta e muito estudo. Mas qual é a serventia de tamanho esforço? Pense bem:

- Você irá trabalhar com todo tipo de público!
- Será sua função trabalhar com pessoas de todas as faixas etárias!
- Você lidará com pessoas das mais variadas classes sociais!

Portanto, você tem de saber quais serão os limites legais em sua área de atuação, pois irá cumprir e fazer cumprir normas e regras em seu local de trabalho, já que fazem parte de suas funções principais, profissional de zeladoria e segurança, **fiscalizar e controlar um espaço determinado**. Dessa forma, para não cometer nenhum tipo de abuso das leis por ação ou omissão, você deverá conhecer as leis anteriormente citadas.

Vamos verificar alguns artigos das legislações que já citamos e fazer uma análise de suas consequências na nossa vida pessoal e profissional.

Constituição Federal de 1988

Você faz ideia de quantos artigos da Constituição Federal de 1988 (CF/1988) um bom profissional deve conhecer? O correto seria todos, mas não temos essa pretensão! Então, veja a seguir um dos mais importantes artigos de nossa Carta Magna, o **art. 5º**.

Art. 5º – Todos são iguais perante a lei, sem distinção de qualquer natureza, garantindo-se aos brasileiros e aos estrangeiros residentes no País a inviolabilidade do direito à vida, à liberdade, à igualdade, à segurança e à propriedade, nos termos seguintes:

I – homens e mulheres são iguais em direitos e obrigações, nos termos desta Constituição;

II – ninguém será obrigado a fazer ou deixar de fazer alguma coisa senão em virtude de lei;

[...]

VIII – ninguém será privado de direitos por motivo de crença religiosa ou de convicção filosófica ou política, salvo se as invocar para eximir-se de obrigação legal a todos imposta e recusar-se a cumprir prestação alternativa, fixada em lei;

[...]

X – são invioláveis a intimidade, a vida privada, a honra e a imagem das pessoas, assegurado o direito a [sic] indenização pelo dano material ou moral decorrente de sua violação;

XI – a casa é asilo inviolável do indivíduo, ninguém nela podendo penetrar sem consentimento do morador, salvo em caso de flagrante delito ou desastre, ou para prestar socorro, ou, durante o dia, por determinação judicial;

XII – é inviolável o sigilo da correspondência e das comunicações telegráficas, de dados e das comunicações telefônicas, salvo, no último caso, por ordem judicial, nas hipóteses e na forma que a lei estabelecer para fins de investigação criminal ou instrução processual penal;

[...]

XXXII – o Estado promoverá, na forma da lei, a defesa do consumidor;

XXXIII – todos têm direito a receber dos órgãos públicos informações de seu interesse particular, ou de interesse coletivo ou geral, que serão prestadas no prazo da lei, sob pena de responsabilidade, ressalvadas aquelas cujo sigilo seja imprescindível à segurança da sociedade e do Estado;

XXXIV – são a todos assegurados, independentemente do pagamento de taxas:

a) o direito de petição aos Poderes Públicos em defesa de direito ou contra ilegalidade ou abuso de poder;

b) a obtenção de certidões em repartições públicas, para defesa de direitos e esclarecimento de situações de interesse pessoal;

XXXV – a lei não excluirá da apreciação do Poder Judiciário lesão ou ameaça a direito;

XXXVI – a lei não prejudicará o direito adquirido, o ato jurídico perfeito e a coisa julgada;

XXXVII – não haverá juízo ou tribunal de exceção;

[...]

XXXIX – não há crime sem lei anterior que o defina, nem pena sem prévia cominação legal;

XL – a lei penal não retroagirá, salvo para beneficiar o réu;

XLI – a lei punirá qualquer discriminação atentatória dos direitos e liberdades fundamentais;

XLII – a prática do racismo constitui crime inafiançável e imprescritível, sujeito à pena de reclusão, nos termos da lei;

XLIII – a lei considerará crimes inafiançáveis e insuscetíveis de graça ou anistia a prática da tortura, o tráfico ilícito de entorpecentes e drogas afins, o terrorismo e os definidos como crimes hediondos, por eles respondendo os mandantes, os executores e os que, podendo evitá-los, se omitirem;

XLIV – constitui crime inafiançável e imprescritível a ação de grupos armados, civis ou militares, contra a ordem constitucional e o Estado Democrático;

[...]

LVI – são inadmissíveis, no processo, as provas obtidas por meios ilícitos;

LVII – ninguém será considerado culpado até o trânsito em julgado de sentença penal condenatória;

LVIII – o civilmente identificado não será submetido a identificação criminal, salvo nas hipóteses previstas em lei;

[...]

LXI – ninguém será preso senão em flagrante delito ou por ordem escrita e fundamentada de autoridade judiciária competente, salvo nos casos de transgressão militar ou crime propriamente militar, definidos em lei;

LXII – a prisão de qualquer pessoa e o local onde se encontre serão comunicados imediatamente ao juiz competente e à família do preso ou à pessoa por ele indicada;

LXIII – o preso será informado de seus direitos, entre os quais o de permanecer calado, sendo-lhe assegurada a assistência da família e de advogado;

LXIV – o preso tem direito à identificação dos responsáveis por sua prisão ou por seu interrogatório policial;

LXV – a prisão ilegal será imediatamente relaxada pela autoridade judiciária;

LXVI – ninguém será levado à prisão ou nela mantido, quando a lei admitir a liberdade provisória, com ou sem fiança;

LXVII – não haverá prisão civil por dívida, salvo a do responsável pelo inadimplemento voluntário e inescusável de obrigação alimentícia e a do depositário infiel;

LXVIII – conceder-se-á "habeas-corpus" sempre que alguém sofrer ou se achar ameaçado de sofrer violência ou coação em sua liberdade de locomoção, por ilegalidade ou abuso de poder;

LXIX – conceder-se-á mandado de segurança para proteger direito líquido e certo, não amparado por "habeas corpus" ou "habeas data", quando o responsável pela ilegalidade ou abuso de poder for autoridade pública ou agente de pessoa jurídica no exercício de atribuições do Poder Público;

[...]

LXXII – conceder-se-á "habeas-data":

a) para assegurar o conhecimento de informações relativas à pessoa do impetrante, constantes de registros ou bancos de dados de entidades governamentais ou de caráter público;

b) para a retificação de dados, quando não se prefira fazê-lo por processo sigiloso, judicial ou administrativo;

[...]

LXXVII – são gratuitas as ações de "habeas-corpus" e "habeas-data", e, na forma da lei, os atos necessários ao exercício da cidadania.

§1º – As normas definidoras dos direitos e garantias fundamentais têm aplicação imediata.

§2º – Os direitos e garantias expressos nesta Constituição não excluem outros decorrentes do regime e dos princípios por ela adotados, ou dos tratados internacionais em que a República Federativa do Brasil seja parte. (Brasil, 1988, grifo nosso)

Hora da simulação

Um morador do condomínio telefona para a portaria e informa que seu vizinho está sendo agredido por alguém e pede que você socorra a vítima, solicitando a sua presença dentro do apartamento desta. O que você pode ou deve fazer, legalmente falando? Você pode invadir o apartamento desse condômino, **sabendo que a invasão de propriedade privada é crime?** Nesse caso, você prefere chamar a polícia, **mesmo com o risco da demora de atendimento ao caso por parte das autoridades?**

Vamos considerar que você **não deve abandonar nunca seu local de trabalho sem ser legalmente substituído ou autorizado pela sua chefia**, mas, nesse caso, estamos falando de alguém que está lhe pedindo socorro.

É um caso muito complicado, não é mesmo? Mas lembre-se: **você tem a lei ao seu lado nesse caso!** Primeiramente, a consideração mais importante que você deve fazer, de acordo com o que estudou sobre o art. 5º da CF/1988, é:

Se alguém está sendo agredido, aquele que está cometendo a agressão está também cometendo um crime, o que caracteriza um *flagrante delito*, caso que permite que o apartamento seja invadido para salvamento.

Temos ainda outro dado importante: conforme o Código de Processo Penal, Decreto-Lei nº 3.689, de 3 de outubro de 1941, *qualquer pessoa pode prender quem estiver nessa situação que citamos* (Brasil, 1941).

VOCÊ ESTÁ PRESO!!!

Nesse caso, você pode invadir o apartamento e socorrer a vítima. No entanto, há um detalhe muito importante a ser levado em conta: **o risco que você corre ao efetuar essa ação!** Caso você não tenha como se certificar de que o agressor está armado com arma de fogo ou outro instrumento, é bastante arriscada qualquer incursão (entrada) no apartamento da vítima, pois você, como profissional de zeladoria e segurança, **não está apto a portar nenhum tipo de armamento.**

Portanto, *avalie a situação com muito cuidado antes de se envolver em um caso desses!* Nesse tipo de situação, caso você constate que sua ajuda não é viável, entre em contato com a empresa de vigilância que trabalha em parceria com seu condomínio.

Se não houver esse recurso, sua última opção é realmente contar com a polícia! Nesse caso, fique calmo e tenha a consciência de que fez tudo ao seu alcance. Outro detalhe muito relevante: *é extremamente importante haver testemunhas nesses casos*

Estatuto da Criança e do Adolescente (ECA)

Como falamos anteriormente, você terá uma clientela constituída por todas as faixas etárias, entre elas, a das crianças e dos adolescentes. Tenha sempre em mente que essa faixa etária é composta por **clientes especiais e de difícil trato**, devido às suas características e à legislação vigente no país que lhes dá proteção.

Pensando nisso, disponibilizamos uma pequena análise da Lei nº 8.069, de 13 de julho de 1990 – conhecida como *Estatuto da Criança e do Adolescente* (ECA, Brasil, 1990).

Art. 1º Esta Lei dispõe sobre a proteção integral à criança e ao adolescente.

Art. 2º Considera-se criança, para os efeitos desta Lei, a pessoa até doze anos de idade incompletos, e adolescente aquela entre doze e dezoito anos de idade.

Parágrafo único. Nos casos expressos em lei, aplica-se excepcionalmente este Estatuto às pessoas entre dezoito e vinte e um anos de idade.

Art. 3º A criança e o adolescente gozam de todos os direitos fundamentais inerentes à pessoa humana, sem prejuízo da proteção integral de que trata esta Lei, assegurando-se-lhes, por lei ou por outros meios, todas as oportunidades e facilidades, a fim de lhes facultar o desenvolvimento físico, mental, moral, espiritual e social, em condições de liberdade e de dignidade.

Art. 4º É dever da família, da comunidade, da sociedade em geral e do poder público assegurar, com absoluta prioridade, a efetivação dos direitos referentes à vida, à saúde, à alimentação, à educação, ao esporte, ao lazer, à profissionalização, à cultura, à dignidade, ao respeito, à liberdade e à convivência familiar e comunitária.

Parágrafo único. A garantia de prioridade compreende:

a) primazia de receber proteção e socorro em quaisquer circunstâncias;

b) precedência de atendimento nos serviços públicos ou de relevância pública;

c) preferência na formulação e na execução das políticas sociais públicas;

d) destinação privilegiada de recursos públicos nas áreas relacionadas com a proteção à infância e à juventude.

Art. 5º Nenhuma criança ou adolescente será objeto de qualquer forma de negligência, discriminação, exploração, violência, crueldade e opressão, punido na forma da lei qualquer atentado, por ação ou omissão, aos seus direitos fundamentais. (Brasil, 1990)

Com base nos artigos que você acabou de ler, podemos chegar a algumas conclusões a respeito do tratamento que você deve dispensar a esse tipo de público nas suas ações na portaria ou zeladoria. São elas:

- As crianças e os adolescentes devem receber nossa atenção com prioridade em qualquer situação.

- Como qualquer cidadão brasileiro, é seu dever, porteiro ou zelador, fazer cumprir essa legislação nas suas ações diárias em seu local de trabalho.

- Se você perceber ou presenciar alguém desrespeitando qualquer um dos artigos dessa lei, é sua obrigação profissional e civil tomar todas as medidas para garantir os direitos das crianças e dos adolescentes, sob pena de incorrer em crime de omissão, que nada mais é que o ato de deixar de tomar as medidas protetivas relacionadas a esse tipo de público.

Exercitar é preciso!

Observe os arts. 17 e 18 do ECA:

Art. 17. O direito ao respeito consiste na inviolabilidade da integridade física, psíquica e moral da criança e do adolescente, abrangendo a preservação da imagem, da identidade, da autonomia, dos valores, ideias e crenças, dos espaços e objetos pessoais.

Art. 18. É dever de todos velar pela dignidade da criança e do adolescente, pondo-os a salvo de qualquer tratamento desumano, violento, aterrorizante, vexatório ou constrangedor. (Brasil, 1990)

Agora, pense no seguinte contexto: um adolescente morador do seu condomínio vai até a garagem do imóvel, que é vigiada por câmeras de vídeo controladas pela portaria, e furta o equipamento de som de um veículo.

Qual deve ser a sua atitude em relação a esse <u>ato infracional</u>?

O *ato infracional* corresponde, para o adolescente, ao crime para os adultos.

Estatuto do Idoso

Vamos abordar os principais aspectos do Estatuto do Idoso, Lei nº 10.741, de 1º de outubro de 2003 (Brasil, 2003), visto que o **público idoso já é uma parte representativa da clientela em nosso cotidiano de trabalho**.

Art. 1º É instituído o Estatuto do Idoso, destinado a regular os direitos assegurados às pessoas com idade igual ou superior a 60 (sessenta) anos.

Art. 2º O idoso goza de todos os direitos fundamentais inerentes à pessoa humana, sem prejuízo da proteção integral de que trata esta Lei, assegurando-se-lhe, por lei ou por outros meios, todas as oportunidades e facilidades, para preservação de sua saúde física e mental e seu aperfeiçoamento moral, intelectual, espiritual e social, em condições de liberdade e dignidade.

Art. 3º É obrigação da família, da comunidade, da sociedade e do Poder Público assegurar ao idoso, com absoluta prioridade, a efetivação do direito à vida, à saúde, à alimentação, à educação, à cultura, ao esporte, ao lazer, ao trabalho, à cidadania, à liberdade, à dignidade, ao respeito e à convivência familiar e comunitária.

Parágrafo único. A garantia de prioridade compreende:

I – atendimento preferencial imediato e individualizado junto aos órgãos públicos e privados prestadores de serviços à população;

II – preferência na formulação e na execução de políticas sociais públicas específicas;

III – destinação privilegiada de recursos públicos nas áreas relacionadas com a proteção ao idoso;

IV – viabilização de formas alternativas de participação, ocupação e convívio do idoso com as demais gerações;

V – priorização do atendimento do idoso por sua própria família, em detrimento do atendimento asilar, exceto dos que não a possuam ou careçam de condições de manutenção da própria sobrevivência;

VI – capacitação e reciclagem dos recursos humanos nas áreas de geriatria e gerontologia e na prestação de serviços aos idosos;

VII – estabelecimento de mecanismos que favoreçam a divulgação de informações de caráter educativo sobre os aspectos biopsicossociais de envelhecimento;

VIII – garantia de acesso à rede de serviços de saúde e de assistência sociais locais.

IX – prioridade no recebimento da restituição do Imposto de Renda.

Art. 4º Nenhum idoso será objeto de qualquer tipo de negligência, discriminação, violência, crueldade ou opressão, e todo atentado aos seus direitos, por ação ou omissão, será punido na forma da lei.

§ 1º É dever de todos prevenir a ameaça ou violação aos direitos do idoso.

§ 2º As obrigações previstas nesta Lei não excluem da prevenção outras decorrentes dos princípios por ela adotados.

Art. 5º A inobservância das normas de prevenção importará em responsabilidade à pessoa física ou jurídica nos termos da lei.
[...]

Art. 39. Aos maiores de 65 (sessenta e cinco) anos fica assegurada a gratuidade dos transportes coletivos públicos urbanos e semiurbanos, exceto nos serviços seletivos e especiais, quando prestados paralelamente aos serviços regulares.

§ 1º Para ter acesso à gratuidade, basta que o idoso apresente qualquer documento pessoal que faça prova de sua idade.

§ 2º Nos veículos de transporte coletivo de que trata este artigo, serão reservados 10% (dez por cento) dos assentos para os idosos, devidamente identificados com a placa de reservado preferencialmente para idosos.

§ 3º No caso das pessoas compreendidas na faixa etária entre 60 (sessenta) e 65 (sessenta e cinco) anos, ficará a critério da legislação local dispor sobre as condições para exercício da gratuidade nos meios de transporte previstos no caput deste artigo.

Art. 40. No sistema de transporte coletivo interestadual observar-se-á, nos termos da legislação específica:

I – a reserva de 2 (duas) vagas gratuitas por veículo para idosos com renda igual ou inferior a 2 (dois) salários-mínimos;

II – desconto de 50% (cinquenta por cento), no mínimo, no valor das passagens, para os idosos que excederem as vagas gratuitas, com renda igual ou inferior a 2 (dois) salários-mínimos.

Parágrafo único. Caberá aos órgãos competentes definir os mecanismos e os critérios para o exercício dos direitos previstos nos incisos I e II.

Art. 41. É assegurada a reserva, para os idosos, nos termos da lei local, de 5% (cinco por cento) das vagas nos estacionamentos públicos e privados, as quais deverão ser posicionadas de forma a garantir a melhor comodidade ao idoso.

Art. 42. É assegurada a prioridade do idoso no embarque no o sistema de transporte coletivo. (Brasil, 2003)

103

Após a leitura dos três artigos do Estatuto do Idoso apresentados, **você deve ter observado a semelhança dessa lei com o ECA**. Então, podemos chegar à conclusão de que essa semelhança se deve à fragilidade dessas duas parcelas da sociedade, em virtude de que ainda não aprendemos a respeitar aqueles que serão o nosso futuro e, pior ainda, aqueles que são nossa fonte de sabedoria e que já deram sua parcela de suor e esforço para a construção do nosso mundo.

Exercitar é preciso!

Não há dúvida de que o Estatuto do Idoso é uma conquista para os cidadãos acima de 60 anos de todo o Brasil. No entanto, **não é estranho pensar que precisamos de uma lei que diga que o idoso deve ser respeitado e ter prioridade em todos os serviços e bens culturais?**

O mesmo funciona para o Estatuto da Criança e do Adolescente: **Precisamos de leis que digam que a criança e o adolescente são pessoas que precisam de orientação, proteção, carinho e incentivo?** Diga o que você pensa a respeito e justifique sua resposta.

_____
_____
_____
_____
_____
_____
_____

Como você poderá perceber a seguir, o Estatuto do Idoso, além de tratar dos direitos dos idosos, também conta com **penalidades para aqueles que impedem de qualquer forma o bem-estar e o livre trânsito das pessoas de idade:**

Art. 95. Os crimes definidos nesta Lei são de ação penal pública incondicionada, não se lhes aplicando os arts. 181 e 182 do Código Penal.

Art. 96. Discriminar pessoa idosa, impedindo ou dificultando seu acesso a operações bancárias, aos meios de transporte, ao direito de contratar ou por qualquer outro meio ou instrumento necessário ao exercício da cidadania, por motivo de idade:

Pena – reclusão de 6 (seis) meses a 1 (um) ano e multa.

§ 1º Na mesma pena incorre quem desdenhar, humilhar, menosprezar ou discriminar pessoa idosa, por qualquer motivo.

§ 2º A pena será aumentada de 1/3 (um terço) se a vítima se encontrar sob os cuidados ou responsabilidade do agente.

Art. 97. Deixar de prestar assistência ao idoso, quando possível fazê-lo sem risco pessoal, em situação de iminente perigo, ou recusar, retardar ou dificultar sua assistência à saúde, sem justa causa, ou não pedir, nesses casos, o socorro de autoridade pública:

Pena – detenção de 6 (seis) meses a 1 (um) ano e multa.

Parágrafo único. A pena é aumentada de metade, se da omissão resulta lesão corporal de natureza grave, e triplicada, se resulta a morte. (Brasil, 2003)

Na sequência, vamos abordar alguns itens da **Lei do Condomínio** e a importância desta para o exercício da sua atividade de zeladoria e segurança condominial.

Lei do Condomínio

Vamos agora analisar a Lei do Condomínio, ferramenta básica para você, candidato a uma vaga de trabalho na área de zeladoria e segurança ou profissional já inserido no mercado.

> Além dos artigos que aqui estão expostos, recomendamos a leitura geral dessa e lei e os artigos do *Novo Código Civil Brasileiro* – Lei nº 10.406, de 10 de janeiro de 2002 (Brasil, 2002), que traz novas informações sobre os condomínios, em seus arts. 1.331 ao 1.358.

Art. 1º As edificações ou conjuntos de edificações, de um ou mais pavimentos, construídos sob a forma de unidades isoladas entre si, destinadas a fins residenciais ou não residenciais, poderão ser alienados, no todo ou em parte, objetivamente considerados, e constituirá, cada unidade, propriedade autônoma sujeita às limitações desta Lei.

§ 1º Cada unidade será assinalada por designação especial, numérica ou alfabética, para efeitos de identificação e discriminação.

§ 2º A cada unidade caberá, como parte inseparável, uma fração ideal do terreno e coisas comuns, expressa sob forma decimal ou ordinária.

Art. 2º Cada unidade com saída para a via pública, diretamente ou por processo de passagem comum, será sempre tratada como objeto de propriedade exclusiva, qualquer que seja o número de suas peças e sua destinação, inclusive (vetado) edifício-garagem, com ressalva das restrições que se lhe imponham.

§ 1º O direito à guarda de veículos nas garagens ou locais a isso destinados nas edificações ou conjuntos de edificações será tratado como objeto de propriedade exclusiva, com ressalva das restrições que ao mesmo sejam impostas por instrumentos contratuais adequados, e será vinculada à unidade habitacional a que corresponder, no caso de não lhe ser atribuída fração ideal específica de terreno. (Parágrafo incluído pela Lei nº 4.864, de 29.11.1965)

§ 2º O direito de que trata o § 1º deste artigo poderá ser transferido a outro condômino, independentemente da alienação da unidade a que corresponder, vedada sua transferência a pessoas estranhas ao condomínio. (Parágrafo incluído pela Lei nº 4.864, de 29.11.1965)

§ 3º Nos edifícios-garagem, às vagas serão atribuídas frações ideais de terreno específicas. (Parágrafo incluído pela Lei nº 4.864, de 29.11.1965)

Art. 3º O terreno em que se levantam a edificação ou o conjunto de edificações e suas instalações, bem como as fundações, paredes externas, o teto, as áreas internas de ventilação, e tudo o mais que sirva a qualquer dependência de uso comum dos proprietários ou titulares de direito à aquisição de unidades ou ocupantes, constituirão condomínio de todos, e serão insuscetíveis de divisão, ou de alienação destacada da respectiva unidade. Serão, também, insuscetíveis de utilização exclusiva por qualquer condômino (vetado).

[...]

Utilização da Edificação ou do Conjunto de Edificações:

Art. 19. Cada condômino tem o direito de usar e fruir, com exclusividade, de sua unidade autônoma, segundo suas conveniências e interesses, condicionados, umas e outros às normas de boa vizinhança, e poderá usar as partes e coisas comuns de maneira a não causar dano ou incômodo aos demais condôminos ou moradores, nem obstáculo ou embaraço ao bom uso das mesmas partes por todos.

[...]

Art. 20. Aplicam-se ao ocupante do imóvel, a qualquer título, todas as obrigações referentes ao uso, fruição e destino da unidade.

Art. 21. A violação de qualquer dos deveres estipulados na Convenção sujeitará o infrator à multa fixada na própria Convenção ou no *Regimento Interno*, sem prejuízo da responsabilidade civil ou criminal que, no caso, couber.

Parágrafo único. Compete ao síndico a iniciativa do processo e a cobrança da multa, por via executiva, em benefício do condomínio, e, em caso de omitir-se ele, a qualquer condômino. (Brasil, 1964, grifo nosso)

Você deve ter observado a expressão *Regimento Interno*, grifada no art. 21. Considerada a lei maior dentro de qualquer condomínio, é dentro do regimento interno que estão todas as normas de convivência que devem ser obedecidas dentro desse espaço físico. Cada condomínio elabora seu regimento, que, após registrado em cartório, tem valor de lei. Esse documento deve ser o seu "livro de cabeceira", para que você tenha segurança e clareza do que pode e deve ser feito em nome da segurança e organização do condomínio.

Agora que você já tem um conhecimento mais amplo da legislação que lhe dará segurança e confiança para atender aos seus clientes com excelência, vamos abordar na sequência outros aspectos importantes que irão ampliar o seu leque de informações na área de zeladoria e segurança condominial.

Inspeção dos conhecimentos

1. Qual é a função do regimento interno de um condomínio? Qual é a influência desse documento para o trabalho do profissional de zeladoria e segurança?

2. Cite as principais leis de que você precisa ter conhecimento para exercer suas funções com tranquilidade.

3. Em que exatamente o Estatuto da Criança e do Adolescente (ECA) e o Estatuto do Idoso se assemelham?

4. A nossa Constituição Federal dispõe sobre nossos direitos e deveres como cidadãos brasileiros. Em qual artigo esses direitos estão contemplados e qual sua influência para o profissional de zeladoria e segurança?

Momento investigação

Observe os arts. 70 a 73 do ECA:

Art. 70. É dever de todos prevenir a ocorrência de ameaça ou violação dos direitos da criança e do adolescente.

Art. 71. A criança e o adolescente têm direito a informação, cultura, lazer, esportes, diversões, espetáculos e produtos e serviços que respeitem sua condição peculiar de pessoa em desenvolvimento.

Art. 72. As obrigações previstas nesta Lei não excluem da prevenção especial outras decorrentes dos princípios por ela adotados.

Art. 73. A inobservância das normas de prevenção importará em responsabilidade da pessoa física ou jurídica, nos termos desta Lei. (Brasil, 1990)

Diante da legislação apresentada neste capítulo, você conclui que as funções de zeladoria e segurança condominial podem ser exercidas por alguém que não possui formação e qualificação profissional específica? Justifique sua resposta.

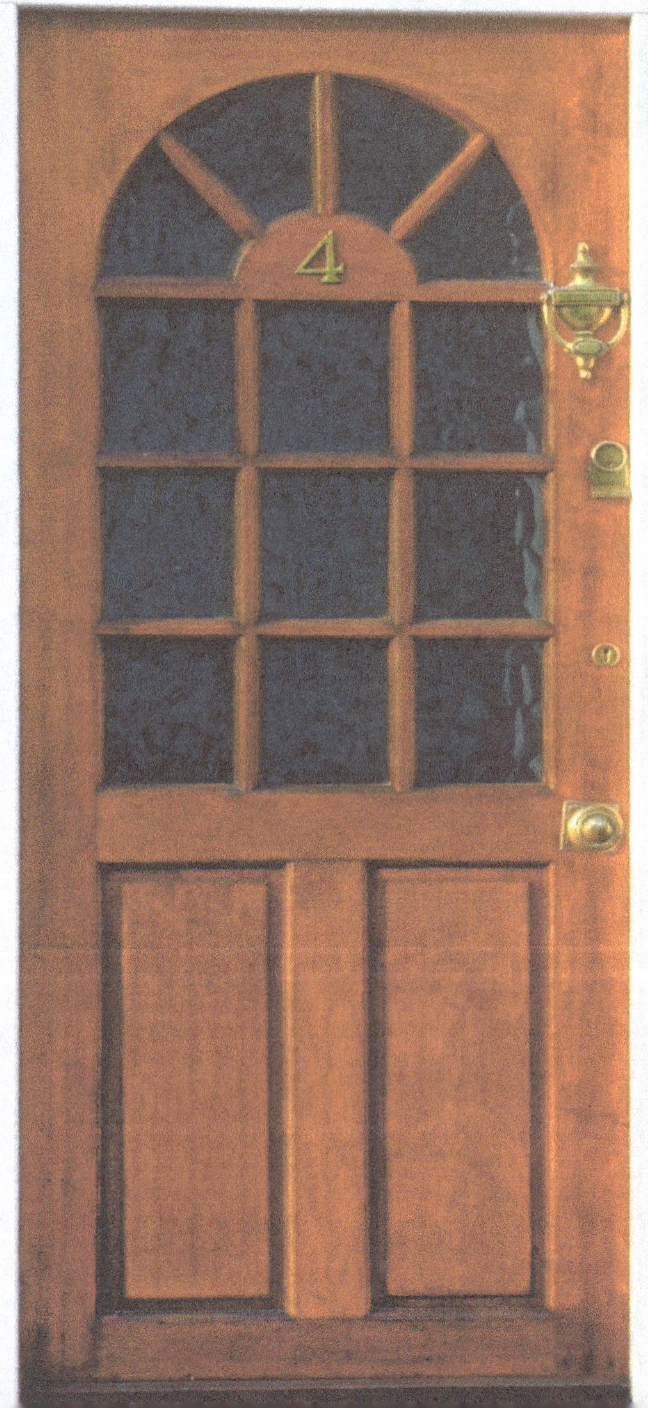
4

Segurança Condominial: Análise de Riscos

> De acordo com o dicionário Houaiss (Houaiss; Villar, 2009), segurança é o "estado, qualidade ou condição de quem ou do que está *livre de perigos, incertezas, assegurado de danos e riscos eventuais;* situação em que nada há a temer" (grifo nosso). Portanto, podemos concluir que segurança condominial é o *conjunto de medidas e ações que irão garantir a segurança dos usuários do condomínio.*

Como você pôde observar no Capítulo 2, existem vários procedimentos que você deve obedecer para assegurar o bem-estar do condomínio. No entanto, o enfoque dado foi para as medidas de segurança criadas para o atendimento aos públicos interno e externo. Neste capítulo, iremos tratar da análise de riscos, que é a atividade de **constatar quais riscos ameaçam o condomínio, qual é o nível dessas ameaças e quais são as soluções disponíveis para eliminá-las ou, pelo menos, evitá-las**. Para tornar a compreensão do conteúdo mais fácil, vamos classificar os riscos em duas classes: **riscos estruturais**, ou **físicos**, e **riscos da ação humana**.

Riscos estruturais e físicos:

- portaria e/ou guarita sem estrutura adequada;
- portas e portões sem controle de acesso de pessoas e veículos;
- muros e grades que não oferecem poder de dissuasão;
- falta de iluminação adequada;
- vizinhança com potencial de risco;
- falta de sistemas de segurança integrada instalados.

Riscos da ação humana:

- falsos prestadores de serviço;
- porteiros e zeladores mal preparados;
- falta de mecanismos de controle de acesso de visitantes;
- falta de cadastro de funcionários domésticos do condomínio;
- falta de cadastro de moradores e seus dependentes;
- falta de cadastro de veículos dos moradores.

Vamos, agora, tratar de cada um dos fatores de risco listados anteriormente, com sugestões de ações para minimizar ou inibir as ações danosas para o condomínio.

Riscos
estruturais e físicos

> A primeira análise que devemos fazer é o da localização da portaria ou guarita. Elas devem oferecer **condições para que o porteiro exerça suas atividades sem ser ameaçado por qualquer tipo de cliente**, seja interno, seja externo.

Portaria e/ou guarita

A triste realidade de muitos condomínios é a de *porterias ou guaritas que não oferecem condições adequadas de segurança*.

Aí é que entra seu conhecimento de análise técnica para sugerir as melhorias a serem implantadas em seu local de trabalho, de forma a garantir o bem-estar do condomínio. Esse local deve respeitar algumas especificações e deve contar com alguns elementos básicos, por ser uma célula de segurança preventiva:

portaria / guarita

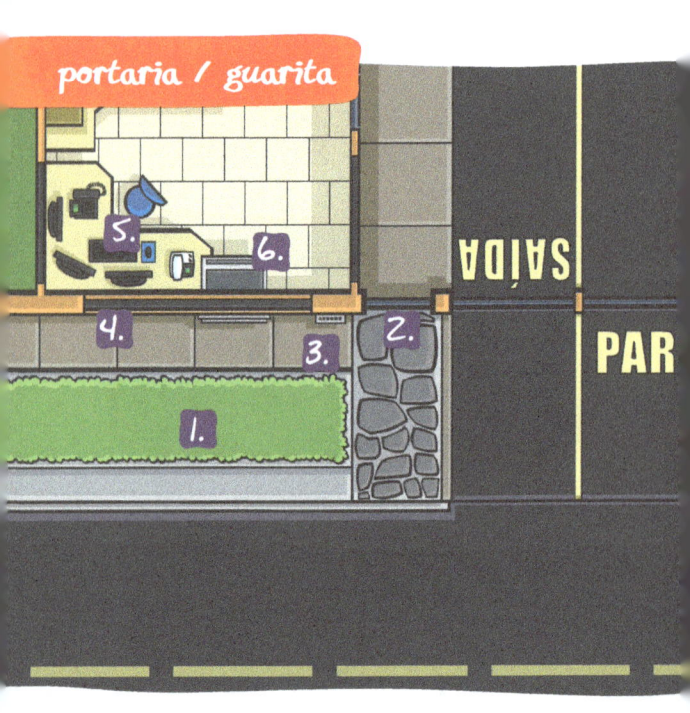

1. Espaçamento mínimo de 3 metros do alinhamento da rua, para implantação de barreira (cerca, grade, muro).

2. Portão de acesso de pedestres.

3. Interfone, de forma que o cliente externo possa se comunicar com o porteiro sem coagi-lo.

4. Vidros escurecidos e blindados, a fim de que quem esteja do lado de fora do condomínio não tenha nenhuma informação de quem é o porteiro, onde ele está e com quais recursos ele conta em situações de risco.

5. Telefone com acesso aos números de emergência e um interfone para comunicação interna eficiente.

6. Passador de objetos, para que o porteiro possa receber encomendas e objetos, não precisando se ausentar da portaria ou ficar cara a cara com o entregador ou carteiro.

Portas e portões sem controle de acesso de pessoas e veículos

Vamos falar primeiramente dos portões de acesso às garagens e saídas de serviço. Esses locais normalmente são os pontos mais vulneráveis de um condomínio residencial ou comercial, visto que, muitas vezes, ficam afastados do controle direto do serviço de portaria ou vigilância.

Entrada e saída de garagens e saídas de serviço

> Para que você possa garantir um maior controle do fluxo de pessoas e veículos para dentro do condomínio, esses portões devem ser estrategicamente construídos próximos às portarias ou guaritas, com a fiscalização direta dos porteiros ou por meio de sistema de videomonitoramento.

Os portões devem ser construídos de material leve, pois isto facilita sua utilização, uma vez que não danifica o mecanismo de automatização.

Os portões podem ter formatos variados de abertura, mas fique atento: eles influenciam diretamente no fator **segurança** e no tempo de abertura e fechamento do portão em cada acionamento.

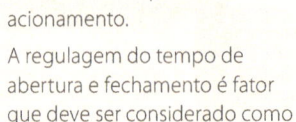

A regulagem do tempo de abertura e fechamento é fator que deve ser considerado como medida preventiva de segurança. Mas qual é o tempo ideal para que o portão seja acionado e possibilite a entrada ou a saída de um veículo?

O tempo recomendado fica entre 7 a 10 segundos, obviamente dependendo do formato do portão e também da via de acesso (rua) para o qual esse portão está direcionado.

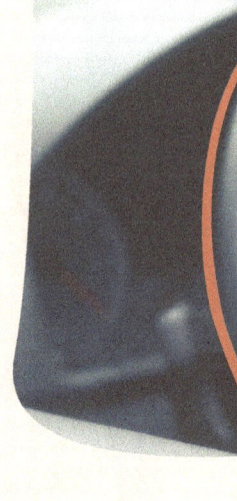

Fique de olho

Fique atento para as novas tendências! Grande parte dos condomínios vem adotando um **sistema duplo de portões**, também conhecido como *eclusa* ou *gaiola*. Mas qual a função desse novo mecanismo? É garantir que nenhum veículo possa ter acesso ao condomínio de forma direta ao passar pelo primeiro portão.

- **É acionado o primeiro dos portões conforme o caso** – entrada ou saída do veículo.
- Esse portão se abre (com regulagem que pode variar entre 7 a 10 segundos), o automóvel entra na gaiola, ou eclusa, e ali permanece alguns segundos, previamente programados, ou **pelo tempo que o serviço de portaria julgar necessário para fazer a investigação dos ocupantes do veículo**.
- **Somente após essa ação o segundo portão será aberto para o acesso do carro no condomínio**. Essa mesma dinâmica vale para a saída de veículos.

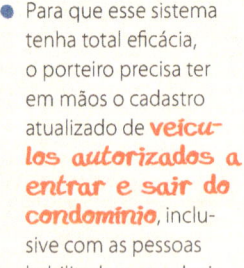

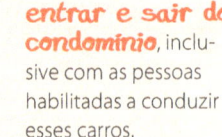

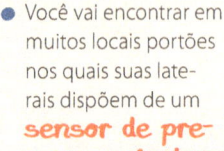

- Para que esse sistema tenha total eficácia, o porteiro precisa ter em mãos o cadastro atualizado de **veículos autorizados a entrar e sair do condomínio**, inclusive com as pessoas habilitadas a conduzir esses carros.

- Você vai encontrar em muitos locais portões nos quais suas laterais dispõem de um **sensor de presença veicular**.

Qual a função desse sensor? Evitar que o portão venha a colidir com os veículos. É um dispositivo que evita vários acidentes, mas para o fator **segurança** gera uma situação de risco, **pois retarda o tempo de abertura e fechamento do portão**. Recomendamos que, na medida do possível, esse dispositivo seja evitado.

Essa medida visa evitar intrusões de veículos cadastrados que são furtados ou roubados na rua para o condomínio para praticar outros tipos de crimes, tais como sequestros ou arrastões.

Fique de olho

Preste muita atenção em veículos que fazem parte do cadastro do condomínio, mas que estão sendo conduzidos por pessoas não autorizadas! **Esses automóveis não devem ter seu acesso liberado**! Confirme a autorização de uso por parte dos proprietários. A mesma regra vale para a saída de veículos do condomínio.

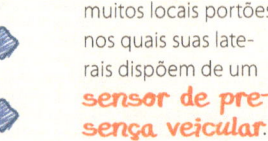

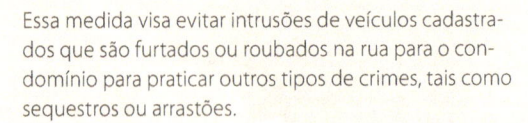

Agora, vamos conversar sobre portões de acesso de pessoas.

Acesso de pessoas ao condomínio

Pelo fato de você ter de prestar atendimento a pessoas, **sua atenção deverá ser total**. Como você já estudou a legislação, isso tornará mais fácil seu atendimento, **porém essa tarefa é a de maior risco**. Por isso, é importante que a instalação dos portões de acesso de pessoas seja feito preferencialmente próximo da portaria ou guarita.

> A entrada por esses portões, assim como nos demais, deve ser automatizada e controlada pelo serviço de portaria.

Fique de olho

Em condomínios considerados de alto nível de segurança, o profissional responsável pelo controle de entrada e saída de condôminos, pedestres e carros são os porteiros e zeladores. Ou seja, nesses condomínios, **os moradores não possuem controles remotos em mãos**, pois todo o serviço de segurança é efetuado pelos profissionais de zeladoria e segurança, garantindo, dessa forma, uma maior segurança para o imóvel. Em alguns casos, com estudos específicos, os moradores podem ter controles para acionamento de portões de garagens, mas apenas para saída do condomínio, desde que o controle de fechamento seja automatizado e regulado para fechar no menor tempo possível, não devendo passar de 10 segundos.

Muros e grades que não oferecem poder de dissuasão

Também conhecidos como *barreiras artificiais*, muros e grades devem ser construídos para que possam **dissuadir (desestimular) os marginais a entrarem no condomínio**. Vamos ver algumas informações importantes que você pode compartilhar de modo a colaborar para que seu condomínio adote medidas corretivas nesse setor.

A altura recomendada dos muros é de 3,30 metros.

Não deve haver árvores ou quaisquer outros objetos que facilitem a intrusão (entrada) via muros ou grades.

Se for possível, recomendam-se grades em vez de muros, visto que elas não oferecem proteção ao ladrão (nesse caso, é importante que o material da grade seja de alta resistência e densidade).

É importante que se observe se as grades não possuem locais que sirvam de escada para os ladrões escalarem e invadirem o condomínio.

Podem ser colocados sobre as grades ou muros os <u>ofendículos</u>. Fique atento para um detalhe muito importante: *é necessária a verificação da legislação pertinente ao assunto em sua cidade*, para que sejam especificados o tipo de ofendículo autorizado por parte da prefeitura municipal e as especificações técnicas (como no caso de instalação de cercas elétricas, que necessitam de projeto técnico) de instalação.

Ainda podem ser instaladas sobre as grades ou muros as **barreiras eletrônicas**. São dispositivos eletrônicos que irão detectar qualquer tipo de tentativa de intrusão por cima dos muros ou grades.

São todos os objetos que colocamos sobre muros ou grades. Ex.: arames farpados, concertina, cercas elétricas, pontas de lança, pregos e cacos de vidro.

Iluminação adequada

O planejamento da iluminação de cada ponto do condomínio é fator importante para **evitar locais que possam servir de esconderijo ou ponto vulnerável para uma intrusão no condomínio**.

Em condomínios com grandes áreas livres, são utilizados sensores de presença que acionam a iluminação em pontos determinados. Esse tipo de dispositivo traz duas vantagens: a primeira é a **economia de energia elétrica**, e a segunda é o fato de esse mecanismo servir como sistema de alerta, visto que, ao passar alguém pelos locais com esse tipo de aparelho, a iluminação é acionada.

Vizinhança com potencial de risco

Um tipo de análise que ainda é pouco utilizada nos estudos de risco condominial é a da **região na qual o condomínio é instalado e a vizinhança que a circunda**. Pense nessa ferramenta como um diferencial para o seu repertório de conhecimentos como profissional de zeladoria e segurança.

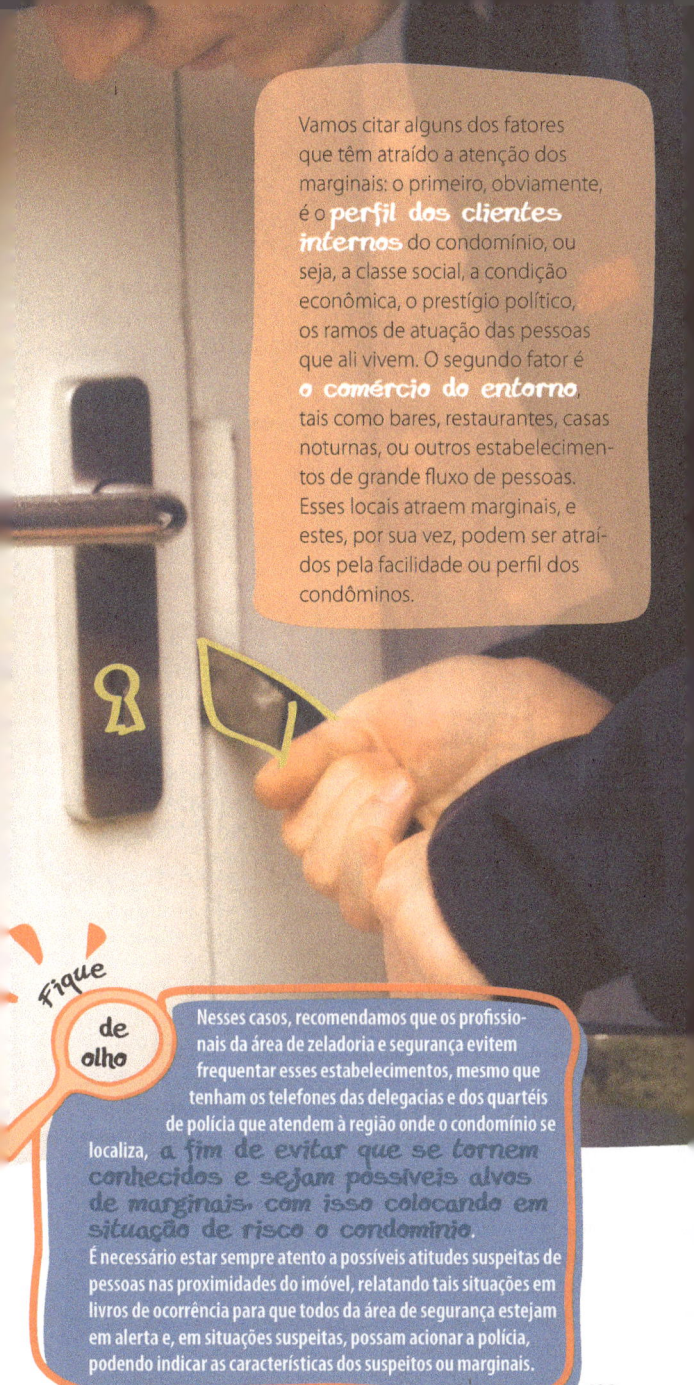

Vamos citar alguns dos fatores que têm atraído a atenção dos marginais: o primeiro, obviamente, é o **perfil dos clientes internos** do condomínio, ou seja, a classe social, a condição econômica, o prestígio político, os ramos de atuação das pessoas que ali vivem. O segundo fator é **o comércio do entorno**, tais como bares, restaurantes, casas noturnas, ou outros estabelecimentos de grande fluxo de pessoas. Esses locais atraem marginais, e estes, por sua vez, podem ser atraídos pela facilidade ou perfil dos condôminos.

Fique de olho

Nesses casos, recomendamos que os profissionais da área de zeladoria e segurança evitem frequentar esses estabelecimentos, mesmo que tenham os telefones das delegacias e dos quartéis de polícia que atendem à região onde o condomínio se localiza, *a fim de evitar que se tornem conhecidos e sejam possíveis alvos de marginais, com isso colocando em situação de risco o condomínio.*
É necessário estar sempre atento a possíveis atitudes suspeitas de pessoas nas proximidades do imóvel, relatando tais situações em livros de ocorrência para que todos da área de segurança estejam em alerta e, em situações suspeitas, possam acionar a polícia, podendo indicar as características dos suspeitos ou marginais.

Falta de sistemas de segurança integrada instalados

Apesar de todos os itens de segurança que analisamos até agora, o bem estar do condomínio não está diretamente relacionado à instalação de sistemas eletrônicos de segurança.

> Você pode pensar: "Ora! Então, qual foi a serventia de estudar sobre todos esses recursos estudados?". Calma! Não quisemos dizer que os sistemas de segurança não têm serventia. O que dissemos, na realidade, é que de nada adianta todo um sistema de segurança instalado se ele não estiver **devidamente integrado e em pleno funcionamento**.

Ou seja:

Os sistemas de segurança e aqueles que os operam devem estar em harmonia! Em outras palavras, não adianta o condomínio possuir um dos sistemas de monitoramento por câmera mais avançados do mercado se a equipe de segurança não estiver em alerta constante e não for devidamente instruída para utilizar esse dispositivo! Não há serventia em uma cerca elétrica se ela estiver rompida e não houver um trabalho constante de manutenção de estragos. De nada resolve uma equipe de vigilância que não tenha uma comunicação eficiente com o condomínio e com seus profissionais, em caso de problemas mais graves.

Riscos da Ação Humana

O maior desafio de quem atua na área de zeladoria e segurança é lidar com os fatores de riscos relacionados à condição humana, **pois do ser humano pode se esperar tudo, tanto para o bem como para o mal**.

Apesar de já termos dado uma boa olhada nesse assunto no Capítulo 2, é muito importante que ele seja analisado juntamente com os temas que já estudamos neste capítulo. Veja a seguir exemplos de problemas típicos enfrentados por esses profissionais condominiais.

Falsos prestadores de serviço

As mais diversas modalidades de prestadores de serviço já foram utilizadas para burlar a segurança de condomínios considerados de alto grau de segurança, o que prova que **a criatividade dos criminosos é infindável**.

Fique de olho

No *ranking* das ocupações utilizadas pelos contraventores para entrar em condomínios, fica em primeiríssimo lugar a função de **entregador**. Mas como devemos nos prevenir desses falsos entregadores?

Primeiro, é importante atentar para as **entregas surpresa**. Tenha em mente que, em um condomínio, **isso não existe!** Vamos utilizar como exemplo uma entrega de flores: o entregador chega ao condomínio com um ramalhete flores e, ao ser indagado pelo porteiro, informa que se trata de uma entrega surpresa para uma moradora de determinado apartamento. **Nesse momento, é sua obrigação, profissional de zeladoria e segurança, informar pelo interfone que as medidas preventivas de segurança do condomínio não permitem que sejam feitas entregas como essa.**

Tenha sempre em mente que as normas de segurança exigem que o entregador seja identificado por um documento oficial, que ele informe o endereço e o telefone da sua empresa – floricultura – e que indique quem é o remetente do ramalhete de flores. De posse dessas informações, o porteiro fará contato com o apartamento a que está destinado o presente para que alguém venha receber essa entrega na portaria. **O entregador, como já falamos anteriormente, não deve ter acesso ao condomínio.** A entrega deve ser feita em local seguro na portaria, e nunca pelo porteiro, mas, sim, por um representante da unidade autônoma – apartamento ou casa.

Ranking

1º entregador

2º eletricista

3º vendedor

Fique de olho

Mas se não houver ninguém no apartamento? *Não* receba a encomenda e informe ao entregador que deverá retornar quando alguém estiver disponível para recebê-la.

Porteiros e zeladores mal preparados

A qualificação dos zeladores e porteiros é de fundamental importância para a qualidade do serviço de segurança do condomínio, mas por si só não basta, pois o "tripé" da segurança tem a base nos seguintes fatores: **porteiros e zeladores qualificados, moradores conscientizados e infraestrutura de segurança adequada no condomínio.**

> **Fique de olho**
>
> *Lembre-se das três ferramentas importantíssimas para o bem-estar e segurança do imóvel!*
>
> - Cursos de especialização e reciclagem de funcionários condominiais.
>
> - Reuniões periódicas de sensibilização dos condôminos (reuniões sobre reciclagem de materiais, uso consciente da água, utilização racional e respeitosa de espaços comuns do condomínio, técnicas básicas de segurança etc.).
>
> - Corpo de segurança condominial preparado, com equipamentos em pleno funcionamento.

Falta de mecanismos de controle de acesso de visitantes

Para termos qualidade no sistema de segurança do condomínio e, com isso, evitarmos furtos e roubos, é preciso que o condomínio adote **padrões rígidos para acesso ao seu interior**.

A regra básica deve ser que nenhum visitante tenha acesso ao interior do condomínio **sem ser previamente identificado**. Antes de entrar, o cliente externo precisa ser devidamente autorizado por um morador ou pelo síndico, e registrado em livro próprio do condomínio (planilha ou programa de computador), com máximo de dados possíveis para ser identificado posteriormente, se houver um crime ou um furto dentro do condomínio.

Portanto, **nenhum visitante deve ser liberado sem apresentar algum tipo de documento com foto** que possa ser identificá-lo, apesar das falsificações de documentos feitas com muita qualidade por criminosos.

Falta de cadastro de funcionários domésticos do condomínio

Outra ferramenta ainda pouco usada nos condomínios é o **cadastro de funcionários domésticos e prestadores de serviço periódicos das unidades autônomas**. Quem são esses prestadores de serviços? São secretárias do lar, babás, diaristas, motoristas e outros.

Mas que dados devem constar nesse cadastro?

É bem simples:

Deve conter o nome completo do prestador de serviço.

Seus dados pessoais, tais como RG, CPF, endereço completo, com telefone, cidade e bairro.

Se possível, foto e dados de filiação (nome do pai ou, preferencialmente, da mãe).

Ainda deve constar nesse cadastro o dia e o horário que esse prestador está autorizado a entrar no condomínio, e o número do apartamento para o qual ele presta serviço. Mesmo em posse dessas informações, esse profissional deve ser anunciado e fiscalizado nas suas entradas e saídas do condomínio.

FALTA DE CADASTRO DE MORADORES E SEUS DEPENDENTES

Ainda encontramos condomínios onde os porteiros e zeladores não contam com um cadastro atualizado dos ocupantes das unidades autônomas (apartamentos).

A falta dessa ferramenta dificulta os seguintes serviços:

- O controle das ações de segurança na portaria.
- A separação correta das correspondências.
- A identificação correta dos seus dependentes no acesso ao condomínio.

O que deve conter nesse cadastro: nome do proprietário ou locatário do apartamento, o número do imóvel, nome e sexo de todos os seus dependentes, com um número de telefone para situações de emergência, podendo ser um fixo e um móvel.

O ideal, dependendo do tamanho do condomínio, é que *o cadastro seja atualizado a cada trimestre.*

Falta de cadastro dos veículos dos moradores

Infelizmente, a maioria dos condomínios não adota a medida de possuir o cadastro atualizado dos veículos como uma ação preventiva de segurança. **Mas qual a importância desse cadastro no condomínio?**

É de extrema importância, pois pode evitar a entrada de um veículo com pessoas não autorizadas que venham a cometer um delito dentro do condomínio. Também serve para evitar os famosos sequestros relâmpago, que acontecem quando o morador é tomado como refém na rua e conduzido ao condomínio para que os marginais se apropriem de outros pertences deste.

Esse cadastro de veículo deve contar com todas as informações do veículo, tais como: placa, ano, cor e modelo do automóvel e, principalmente, quem está habilitado a conduzir esse veículo, tanto na entrada como na saída do condomínio.

Inspeção dos conhecimentos

1. Quanto à análise de riscos, podemos afirmar que estes se dividem em dois grupos que podem prejudicar o bem-estar e a segurança do condomínio. Quais são eles? Quais são as suas características principais? Quais são as medidas a serem tomadas pela administração do condomínio para eliminá-los ou diminuí-los?

2. Cite dois tipos de riscos estruturais ou físicos e as medidas necessárias para resolvê-los.

3. Qual o risco da ação humana que está diretamente ligado à sua atividade profissional?

4. Defina o que você entende por *ofendículos* e a função destes.

5. Explique o que é um sistema integrado de segurança e qual a sua função.

Momento investigação

A função de controlar o acesso de pessoas ao condomínio não é tarefa fácil. Diante dessa afirmação, como um profissional de zeladoria deve se preparar para obter sucesso nas suas atividades diárias no condomínio?

Se seu condomínio ainda não lhe oferece as condições ideais para que você desempenhe seu papel com o maior nível de segurança possível, o que deve fazer para que essa condição ideal possa vir a acontecer?

Exercitar é preciso!

Se você ainda não é profissional de zeladoria ou trabalha em um condomínio que não tem uma estrutura de segurança bem planejada, faça visitas a imóveis nos quais você possa observar como os sistemas de segurança integrados e os profissionais estão trabalhando para garantir a segurança dos seus clientes. Para tanto, não se esqueça de pedir autorização para a administradora desses condomínios, evitando, assim, maiores aborrecimentos.

5

Conhecimentos básicos de atendimento a emergências diversas

Como você pôde observar no decorrer desta obra, os profissionais de zeladoria e segurança têm a importantíssima função de **manter o patrimônio físico e humano do condomínio**. Mesmo assim, há algo nessa "ilha de segurança" contra o que esses profissionais não podem lutar: **o acaso**. Muitos problemas acontecem de uma hora para outra, mesmo que as medidas de proteção sejam várias e que a atenção de todos os envolvidos na administração do bem-estar do condomínio seja redobrada. Entre esses inconvenientes, temos os **incêndios e as situações de risco de vida** — afogamentos, ferimentos graves causados por acidentes, casos de mal súbito (paradas respiratórias e ataques cardíacos, por exemplo), entre outros imprevistos.

Prevenção a incêndios: conhecimentos básicos

Você deve conhecer e saber operar todos os sistemas instalados no seu condomínio, entre eles os geradores de energia, reservatórios de água (cisternas), bem como os sistemas elétrico, de abastecimento de gás, de aquecimento de água (caldeiras), de alarmes e, o mais importante, **os sistemas de prevenção e combate a incêndio** (hidrantes, extintores portáteis e saídas de emergência) que são distribuídos estrategicamente pelo condomínio.

Portanto, as noções de prevenção e combate a incêndios são de extrema importância, visto que, *numa situação de emergência, o seu conhecimento fará a diferença, podendo salvar muitas vidas, além do patrimônio do condomínio em que você trabalha*. Veja a seguir conceitos e detalhes importantes relacionados ao incêndio, às condições ideiais para o seu surgimento, aos procedimentos e às ferramentas para a sua extinção.

TEORIA BÁSICA DO FOGO

Fogo é uma reação química rápida e consistente, liberando energia em forma de luz e calor, resultante da **combustão** de materiais combustíveis.

TETRAEDRO DO FOGO

Para que o fogo ocorra são necessários 03 elementos: calor, combustível e comburente. Eles devem estar em concentrações ideais para manter a reação em cadeia. Veja o tetraedro ao lado. (pirâmide com 4 faces).

Esta seção e suas respectivas subseções foram extraídas de material elaborado pela Cadenas Consultoria e Treinamento (2011b, grifo nosso). Disponível em: http://www.cadenas.com.br/Responsabilidade_Social/186/Prevenção_de_Incêndios_na_Comunidade.aspx.

Comburente (oxigênio)
elemento que combina com o combustível para que o fogo ocorra.

Calor
energia necessária para iniciar o fogo.

Reação em cadeia
é o processo químico que permite a continuidade da combustão.

Combustível
material consumido pelo fogo.

Classificação de Combustíveis

Sólido

Possuem forma definida e, para ocorrer a queima desse material, é necessário que suas moléculas passem da forma sólida para gasosa em um processo conhecido como **pirólise**. Queimam em superfície e profundidade.

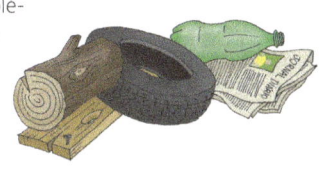

Líquido

Assumem a forma do recipiente em que estão contidos. Classificados em Inflamáveis (PF < 70 °C) e Combustíveis (PF >70 °C). Queimam em superfície.

Gasoso

Não possuem forma nenhuma e tem a propriedade de se expandir indefinidamente. A queima pode ocorrer na forma de explosão em concentrações ideais.

Métodos de Extinção

Para extinguir o fogo, basta retirarmos um dos elementos do tetraedro; desta forma cada método de extinção está diretamente relacionado a um dos elementos do fogo.

Resfriamento

Remoção do calor da reação, sendo a forma mais comum, através da absorção do calor com água.

Retirada do Combustível

Simples remoção de material combustível, quase sempre da parte que não está queimando ainda.

Abafamento

Impede que o combustível tenha contato com o comburente. Ao tampar uma panela em chamas, abafa-se o fogo, retirando o oxigênio.

Quebra da reação

Realizada com o auxílio de um agente químico capaz de reagir em nível molecular, quebrando a reação em cadeia do fogo. Ex.: extintores ABC.

CLASSES DE INCÊNDIO

A — Sólidos

B — Líquidos inflamáveis

C — Equipamentos elétricos energizados

D — Metais combustíveis

K — Óleo e gordura em cozinhas

EXTINTORES

Água
Indicado: Classe A
Proibido: Classes B e C

Espuma Mecânica
Indicado: Classes A e B
Proibido: Classe C

PQS – Pó BC
Indicado: Classes B e C
Não indicado: Classe A

CO2
Indicado: Classes B e C
Não indicado: Classe A

Pó ABC
Indicado: Classes A, B e C

Como utilizar o extintor e o hidrante

~ Extintor

1. Verifique se o extintor é compatível com a classe incendiada.

2. Puxe a trava de segurança.

3. Aponte para a base do fogo.

4. Aperte o gatilho.

5. Efetue movimentos de varredura com o extintor.

Hidrante

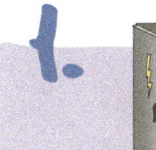

1. Desligue a energia elétrica. Verifique se não há incompatibilidade do que está queimando com a água.

2. Desenrole a mangueira fazendo grandes curvas.

3. Engate as conexões da mangueira no hidrante e no esguicho.

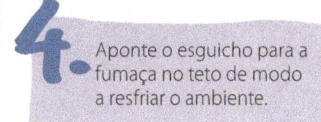

4. Aponte o esguicho para a fumaça no teto de modo a resfriar o ambiente.

5. Ventile o local para aumentar a visibilidade.

6. Ataque a base do fogo. Se estiver fora de controle, abandone o local e proteja edificações vizinhas.

DICAS DE PREVENÇÃO

1. Faça a revisão de painéis elétricos periodicamente, atendendo a NR-10.

2. Permaneça na cozinha enquanto houver chamas no fogão.

3. Não sobrecarregue o sistema elétrico.

4. Deixe aquecedores distantes de materiais combustíveis.

5. Apague velas quando sair do ambiente.

6 Não permita que crianças brinquem com fósforos e isqueiros.

7 Instale o botijão de gás do lado externo.

8 Realize a manutenção periódica do aquecedor a gás.

9 Não fume quando estiver na cama.

10 Armazene produtos inflamáveis em locais apropriados.

Noções básicas de primeiros socorros

Como profissional de zeladoria e segurança, é sua obrigação conhecer a importância do atendimento de primeiros socorros e ter domínio sobre as práticas básicas desse trabalho de salvamento, pois é nesse primeiro atendimento que muitas pessoas têm a oportunidade de continuar vivendo. Nesse caso, a sua atitude poderá fazer a diferença na vida de uma pessoa.

> Os primeiros socorros, também conhecidos por *suporte básico de vida*, são, como o nome já indica, o primeiro atendimento prestado a alguém que está numa situação de risco de vida pelas mais variadas causas.

> Vamos lhe mostrar os passos básicos para uma abordagem segura caso você se depare com algum condômino que precise receber esse atendimento especial.

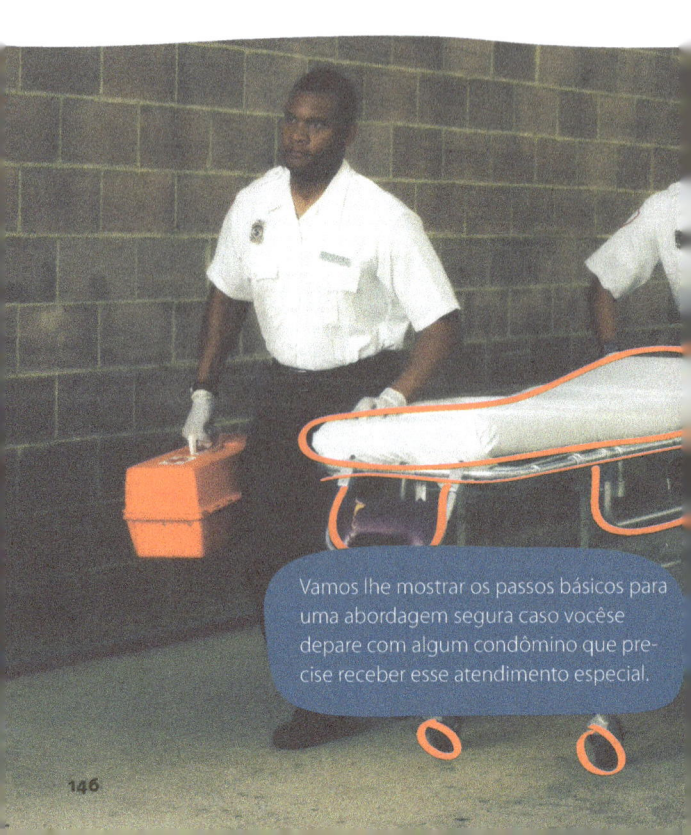

Um lembrete importante: antes de começar qualquer atendimento de primeiros socorros, você precisa estar seguro dos seguintes fatores:

> Primeiramente, **da sua própria segurança**, pois caso você não esteja em condições de fazer o atendimento por qualquer motivo, você está comprometendo a sua vida e a da vítima, já que você pode cometer erros graves estando ferido ou com seus sentidos comprometidos.

> Em seguida, **avalie o espaço onde será efetuado o salvamento** e a segurança de curiosos e da equipe que, porventura, possa estar lhe acompanhando. Caso haja a possibilidade de explosões ou desmoronamentos, é importante que você se concentre em retirar a vítima do local da melhor forma possível para só aí iniciar os procedimentos de primeiros socorros.

Fique de olho

Avaliou sua segurança? A do espaço em que será efetuado o atendimento? Ótimo! Agora, temos a parte que exige maiores conhecimentos de sua parte: a **avaliação clínica da vítima**! Veja a seguir alguns pontos importantes que indicam o estado de saúde da pessoa a ser socorrida.

Sinais vitais

São os sinais que indicam vida no nosso organismo. São eles: pulso; frequência respiratória; temperatura, pressão arterial. Veja as características de cada um deles a seguir.

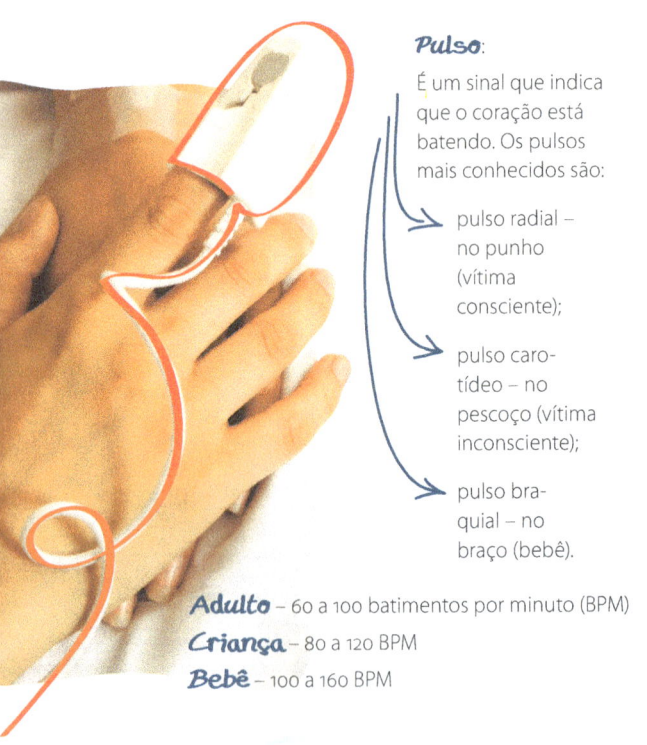

Pulso:

É um sinal que indica que o coração está batendo. Os pulsos mais conhecidos são:

- pulso radial – no punho (vítima consciente);
- pulso carotídeo – no pescoço (vítima inconsciente);
- pulso braquial – no braço (bebê).

Adulto – 60 a 100 batimentos por minuto (BPM)
Criança – 80 a 120 BPM
Bebê – 100 a 160 BPM

Temperatura:

É a diferença entre o calor produzido e o calor perdido pelo organismo. A verificação é feita com termômetro ou por meio do tato (verificar se a vítima está quente ou fria).

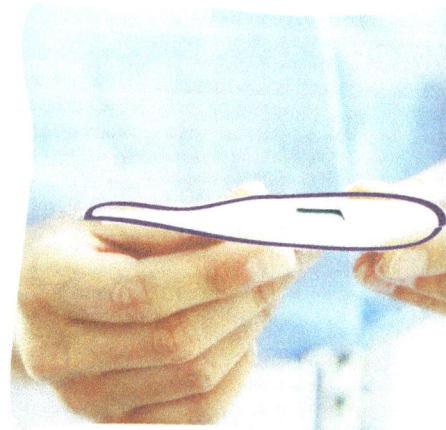

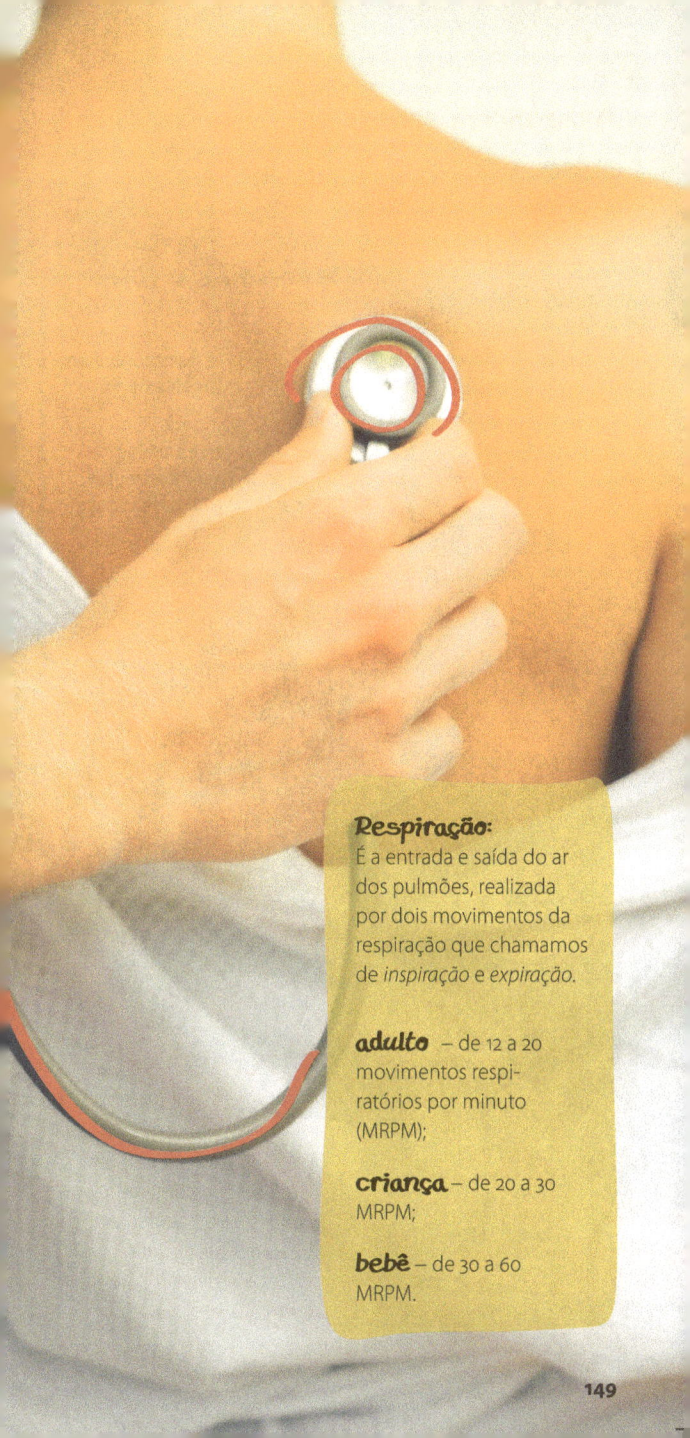

Respiração:
É a entrada e saída do ar dos pulmões, realizada por dois movimentos da respiração que chamamos de *inspiração* e *expiração*.

adulto – de 12 a 20 movimentos respiratórios por minuto (MRPM);

criança – de 20 a 30 MRPM;

bebê – de 30 a 60 MRPM.

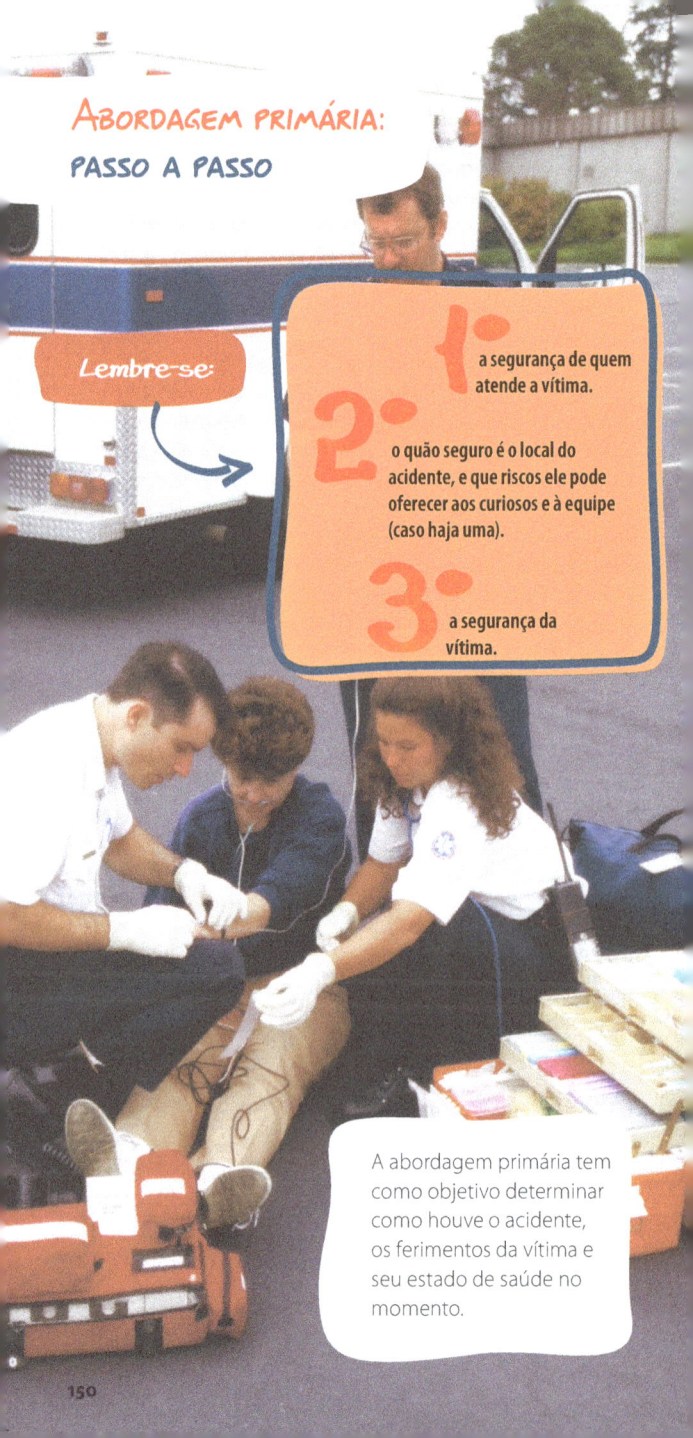

Abordagem primária:
passo a passo

Lembre-se:

1º a segurança de quem atende a vítima.

2º o quão seguro é o local do acidente, e que riscos ele pode oferecer aos curiosos e à equipe (caso haja uma).

3º a segurança da vítima.

A abordagem primária tem como objetivo determinar como houve o acidente, os ferimentos da vítima e seu estado de saúde no momento.

Abordagem primária a vítimas de trauma

A (Airway) vias aéreas com controle cervical;

B (Breathing) respiração;

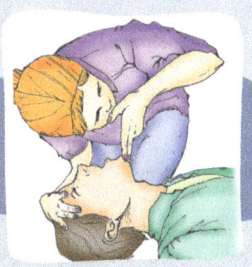

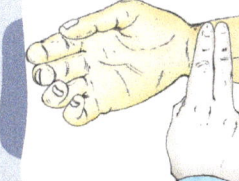

C (Circulation) circulação com controle de grandes hemorragias;

D (Disability) estado neurológico, nível de consciência;

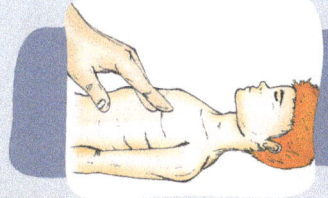

E (Exposição) inspeção e palpação.

Esta seção e suas respectivas subseções a seguir foram extraídas de material elaborado pela Cadenas Consultoria e Treinamento (2014, grifo nosso). Disponível em: http://www.cadenas.com.br/Responsabilidade_Social/32/Primeiros_Socorros_na_Comunidade.aspx.

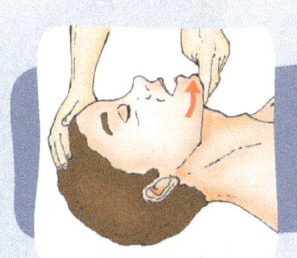

Obstrução de vias aéreas

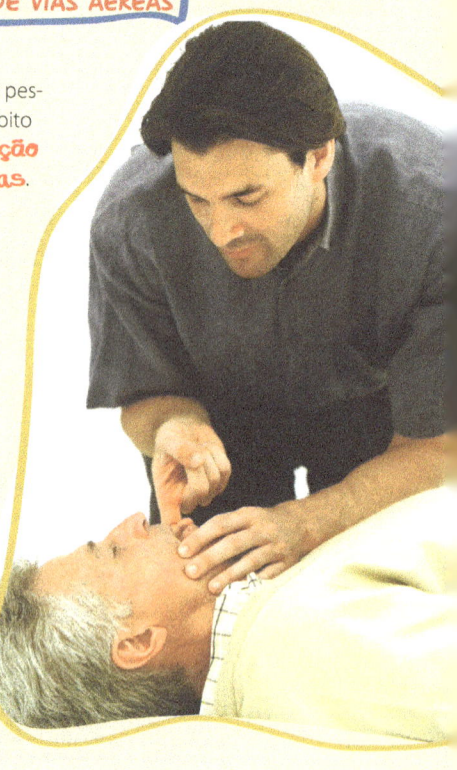

Hoje em dia várias pessoas entram em óbito devido à **obstrução de vias aéreas**.

As situações mais comuns de engasgo são:

Carne;
Espinha de peixe;
Miolo de pão;
Bala;
Bolacha;
Saliva;
Água;

Também em:
Piscina;
Rios e praias.

Manobras de desobstrução de vias aéreas:

Adulto:
Compressão em J. na região abdominal

Mulher grávida:
Compressão torácica.

Relaxamento da língua:

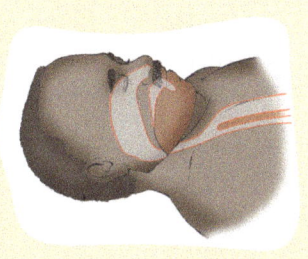

Queda da língua e relaxamento de partes moles são as grandes causas de obstrução de vias aéreas no trauma.

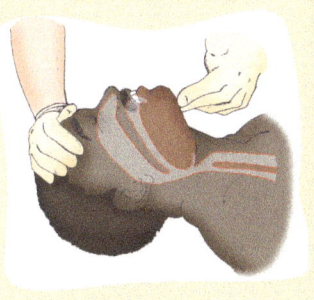

O simples ato de elevar o queixo auxilia a passagem de ar.

Criança:

5 suaves tapinhas e 5 suaves compressões.

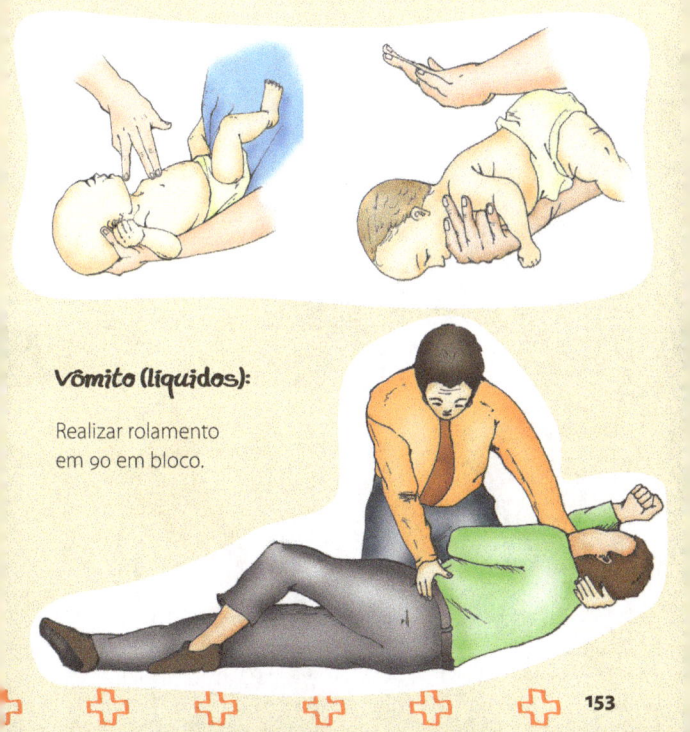

Vômito (líquidos):

Realizar rolamento em 90 em bloco.

QUEIMADURAS

Acidentes envolvendo queimaduras hospitalizam milhões de pessoas e deixam outros milhares com sequelas permanentes, cujo tratamento é, na maioria das vezes, doloroso e demorado.

Desmaio:

Perda de consciência de curta duração que não necessita de manobras específicas de recuperação.

É uma diminuição da atividade cerebral.

Cuidados

→ Hidrate a região com água em abundância;
→ Cubra a região com tecido limpo e solto;
→ **Não** passar pó de café, creme dental, ovo, óleo, limão;
→ **Não** aperte ou perfure a bolha.

Atendimento:

- Manter a vítima deitada – elevar as pernas;
- Remoção para local arejado;
- Liberar vestimentas apertadas;
- Não oferecer nada para comer ou beber;
- Informar a central médica e aguardar instruções.

Crise convulsiva:

A convulsão é uma desordem cerebral.

Atendimento:

- Mantenha-se calmo;
- Proteja a cabeça da vítima;
- Retire objetos próximos;
- Lateralize a cabeça;
- Permaneça ao lado da vítima até que ela volte a ter
- consciência;
- Colocar a vítima em posição de repouso;
- **A crise não é contagiosa.**

RDP – Ressuscitação cardiopulmonar

Passo a passo:

1. Acionar serviço médico especializado;

2. Iniciar RCP (Ressuscitação Cardiopulmonar) (30:2);

3. Instalar o DEA (Desfibrilador Externo Automático); seguir instruções do aparelho;

4. Atendimento avançado.

SANGRAMENTO

Sangramento é a ruptura de vasos sanguíneos devido a um trauma.

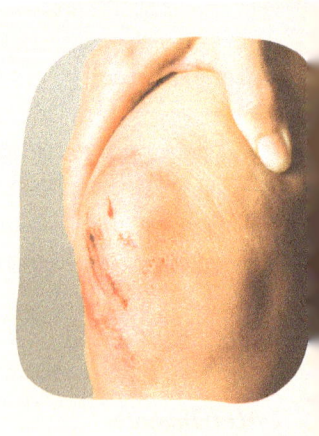

1. Pressão direta:

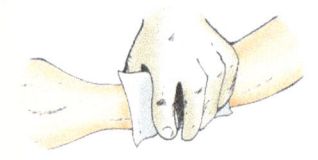

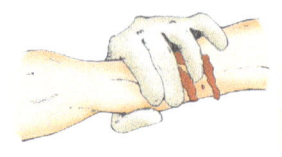

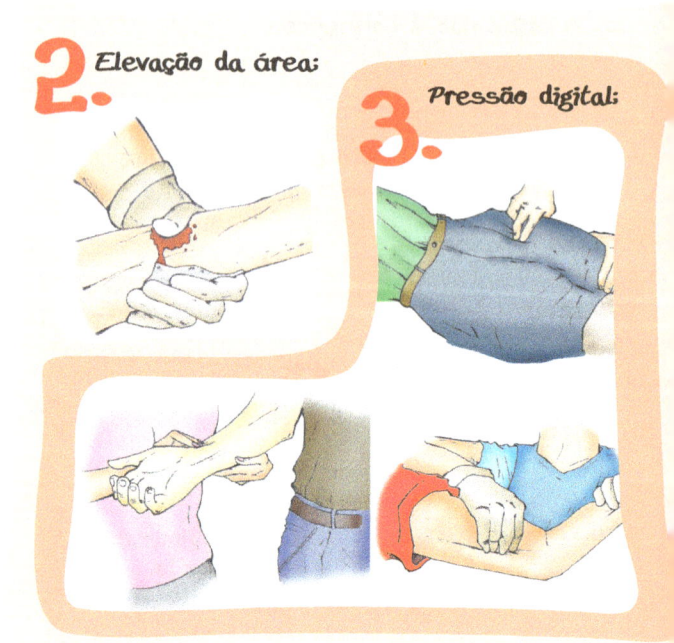

2. Elevação da área:

3. Pressão digital:

4. Aplicação de gelo:

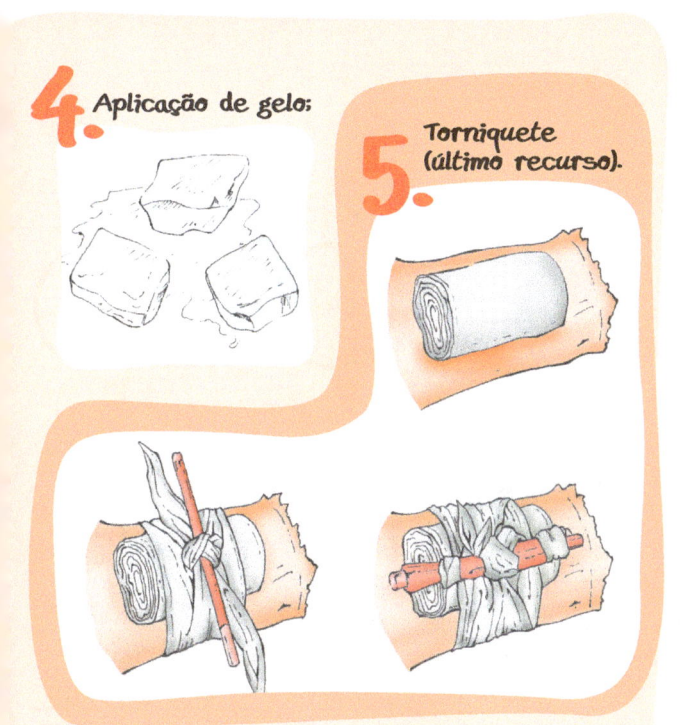

5. Torniquete (último recurso).

Cuidados:

Não colocar pó de café ou açúcar.

Evitar aplicar gelo direto na pele e torniquete como primeiro recurso.

Choque hipovolêmico:

Choque é uma falha cardíaca que dificulta a distribuição do sangue oxigenado pelo corpo.

Atendimento:

- Confortar o paciente.
- Não dar líquido ou alimento.
- Manter a vítima aquecida.
- Elevar membros inferiores.

Vítima de trauma que recebe o tratamento definitivo no hospital em até uma hora após sofrer a lesão tem maior chance de sobrevida.

FRATURAS

É a perda da continuidade óssea.

Classificação de fraturas:
(Quanto à exposição do foco)

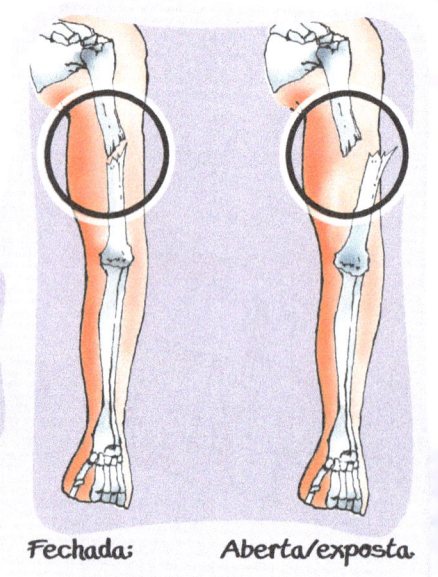

Fechada; Aberta/exposta

Luxação:

Fazem com que as superfícies articulares saiam de sua posição, produzindo perda da congruência articular da função da articulação correspondente.

As luxações ocorrem mais comumente em articulações móveis (ombro, quadril, dedos da mão e pés, cotovelo, joelho e tornozelo).

Sinais e sintomas:
Dor;
Aumento de volume;
Deformidade;
Impotência funcional;
Crepitação óssea;
Mobilidade anormal.

Atendimento:
→ Identificar o local fraturado;
→ Restringir o movimento;
→ Imobilização na posição em que se encontra;
→ Encaminhar a vítima ao serviço especializado.

Inspeção dos conhecimentos

1. Quais são os elementos necessários para que haja fogo?

2. Descreva como funcionam os processos de extinção de incêndio vistos neste capítulo.

3. Quais são os principais tipos de extintores? Em quais tipos de incêndios eles podem ser usados?

4. Na abordagem primária, qual a primeira atitude que se deve tomar para atender a uma vítima?

5. Quais são os sinais vitais de uma vítima que você deve verificar numa abordagem?

Momento investigação

Você está na portaria e um morador, que encontrou alguém caído no salão de festas do condomínio, pede socorro. O que você deve fazer nesse momento? Abandona a portaria e atende a essa situação? Aciona o serviço de emergência médica? Justifique sua resposta.

Em um caso de vazamento de gás no condomínio, quais são os procedimentos que você deve seguir? Justifique sua resposta.

Exercitar é preciso!

Você conhece o documento governamental chamado NR-23, que trata de proteção contra incêndios? Não? Então, acesse o link http://portal.mte.gov.br/data/files/8A7C816A2E7311D1012FE5B554845302/nr_23_atualizada_2011.pdf. Depois de ler a norma, visite um condomínio ou observe o seu, caso você seja morador de um, e verifique se as determinações desse documento estão todas sendo obedecidas. Caso você constate alguma irregularidade, cobre providências da administração do imóvel.

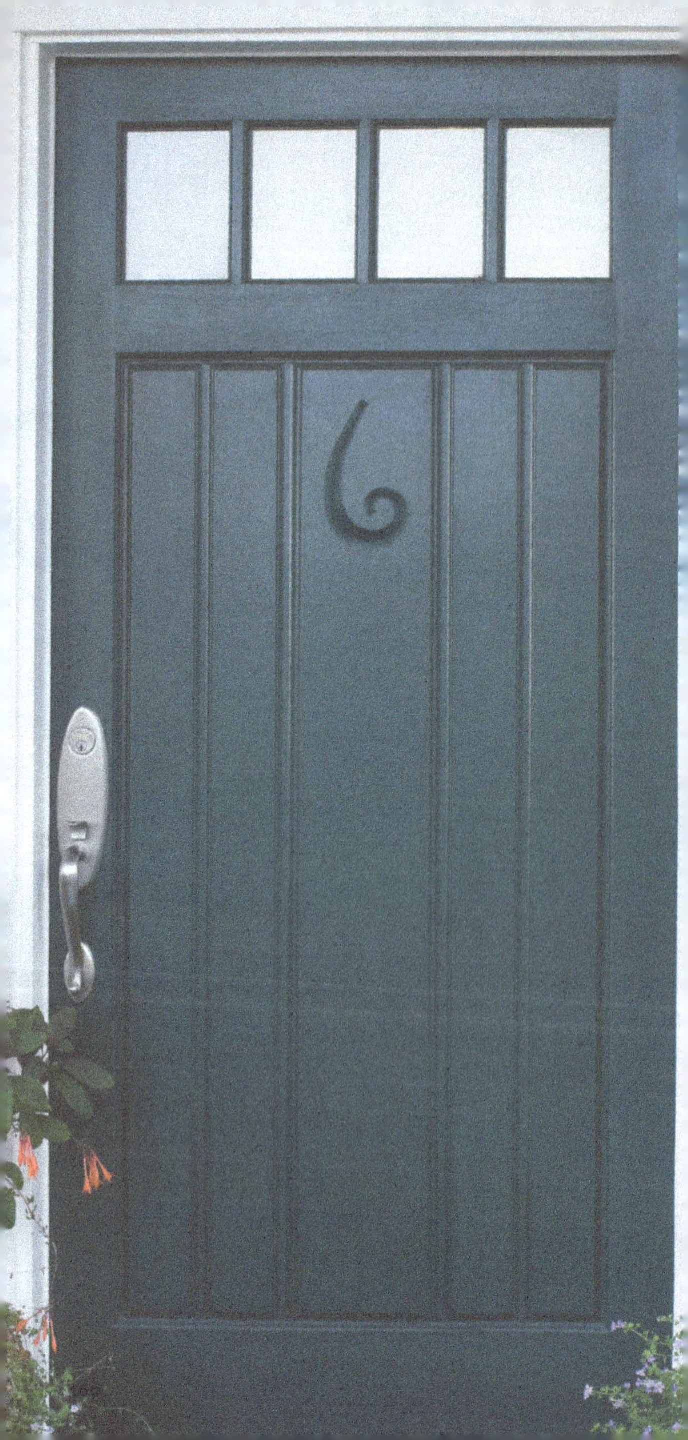
6

"Condomínio verde": abrace esta ideia!

Nós nos dedicamos, no decorrer desta obra, a lhe dar ferramentas que irão torná-lo um profissional modelo em sua área de atuação. Mas não podemos nos esquecer que, antes de profissional modelo, você precisa ser um **cidadão modelo**, ciente de seus deveres, de modo a contribuir para um mundo melhor e mais justo. Portanto, não podemos concluir esta obra sem antes dizermos algumas palavras a respeito do **meio ambiente**. No seu caso, profissional de zeladoria e segurança, falaremos do **condomínio ecologicamente sustentável, um condomínio "verde"**, como o próprio título desta seção já diz. Como já recomendamos na obra uma matéria que trata sobre a economia de materiais de limpeza, assunto diretamente ligado à preservação do meio ambiente, não iremos nos concentrar nesse tema. Dessa forma, iremos dirigir nossos olhares para o **uso racional da água e da energia**, bem como para a **reciclagem**.

Como podemos ECONOMIZAR e utilizar ÁGUA DE FORMA SUSTENTÁVEL?

Não há dúvida de que desperdiçamos muita água em nosso dia a dia, sem nos preocuparmos com as consequências disso. Deixamos torneiras e encanamentos vazando, lavamos calçadas, quando uma boa "passada" de vassoura já bastaria, lavamos pequenas quantidades de roupa em máquinas de lavar em seu nível mais alto de água, entre outras atitudes imprudentes. Para que o condomínio e seus colaboradores utilizem esse recurso precioso de forma sustentável, eis as seguintes dicas:

Construir cisternas para capitação da água da chuva, que deverá ser utilizada para todos os serviços de limpeza em geral, a irrigação de jardins, e até mesmo para o abastecimento da piscina, caso haja uma no condomínio.

Fazer periodicamente uma **vistoria nas unidades autônomas** para verificar se não há vazamentos em encanamentos ou torneiras.

Nas áreas comuns do condomínio que podem ser apenas varridas, evitar o uso de água.

Se possível, **colocar medidores individuais** para estimular o consumo consciente.

Trocar todas as torneiras comuns por **torneiras com temporizadores**.

Como podemos consumir ENERGIA de forma SUSTENTÁVEL?

Outra preocupação que assola a sociedade e os governos da atualidade é o **consumo de energia e a capacidade de oferecê-la a toda a população**, sem, com isso, prejudicar um meio ambiente já depredado por hidrelétricas e usinas nucleares. Porém, **nós também temos nossa parcela de culpa nessa depredação da natureza**: várias televisões e luzes ligadas em uma mesma casa, ferros de passar utilizados para passar pequenas quantidades de roupa, instituições políticas cujos prédios ficam acessos pela madrugada afora, entre outras posturas incorretas. **Mas não pense, pelo fato de as contas de luz de um condomínio serem individuais, que o imóvel não tem de dar o devido exemplo de consumo correto.** Seguem algumas sugestões que podem contribuir para a economia da energia elétrica em seu condomínio:Si suliciis.

Retirar da tomada todo e qualquer equipamento que não esteja sendo utilizado. Muitos equipamentos, mesmo desligados, consomem energia.

Em locais pouco frequentados, **instalar sensores de presença nas lâmpadas**. Dessa forma, essas lâmpadas não ficarão acesas após a saída do condômino, principalmente em corredores, banheiros, garagens e áreas de circulação externa.

Se possível, recomendar a **instalação de placas para capitação de energia solar no condomínio**.

Solicitar vistorias periódicas na rede elétrica para verificar se não há fuga de energia ou algum equipamento com consumo excessivo.

Quando possível, **optar por equipamentos que consumam menos energia**.

Troque as lâmpadas comuns pelas chamadas lâmpadas frias (fluorescentes), que têm uma vida útil maior e um consumo menor.

Ao sair de qualquer ambiente, **apagar as luzes**.

Ordem do dia: selecionar, separar, reciclar!

Por último, mas, nem por isso, menos importante, o assunto da **reciclagem** está em voga já há algumas décadas. *O consumo desenfreado e o desperdício lotam os lixões de nossas cidades, que estão cada vez mais inchados.* Não se espante se, de um dia para o outro, o lixo ir parar na frente da sua casa! Para o nosso estudo, daremos um enfoque especial às **embalagens**, que muitas vezes ficam abandonadas em um canto qualquer do condomínio, ocupando espaço, prejudicando a imagem de limpeza do condomínio, contribuindo para a transmissão de várias doenças e servindo de abrigo para animais e insetos danosos à nossa saúde. *Mas quais são os materiais descartáveis? E os retornáveis? Quais são as fases da reciclagem?* É o que você verá nas páginas a seguir.

Reciclagem*

A reciclagem pode ser definida como a **atividade de recuperação de materiais descartados que podem ser transformados novamente em matéria-prima para a fabricação de novos produtos**. Também se denomina *reciclagem* o retorno da matéria-prima ao ciclo de produção, além de designar, genericamente, o conjunto de operações envolvidas para esse retorno.

[...]

Esta seção referente à reciclagem e suas respectivas subseções foram extraídas de Razzolini Filho; Berté (2009, p. 100-108; grifo nosso).

Substância constituída de moléculas caracterizadas pela repetição múltipla de uma ou mais espécies de átomos ou grupos de átomos (unidades constitucionais) ligados uns aos outros em quantidades suficientes para fornecer um conjunto de propriedades que não variam acentuadamente com a adição ou a remoção de uma ou algumas unidades constitucionais.

Sem cair em "tecnicismos" próprios da área, podemos definir a reciclagem como o **reaproveitamento (ou reutilização) de um polímero no mesmo processo em que, por qualquer motivo, foi rejeitado**. Portanto, a reciclagem é um conjunto de técnicas que objetiva o aproveitamento de resíduos no ciclo de produção no qual estes tiveram origem.

Basicamente, a reciclagem pode ser dividida em etapas, ou técnicas, com a finalidade de aproveitar os resíduos (detritos). Essas etapas podem ser divididas em: **coleta, separação, revalorização e transformação**. Etapas que detalharemos na sequência.

ETAPAS DA RECICLAGEM

A caracterização das etapas do processo de reciclagem, considerando as atividades que cada uma delas compreende, pode ser descrita da seguinte maneira:

Coleta

É a atividade de **recolhimento dos materiais**, nos locais onde são depositados ou descartados pelos consumidores ou usuários.

Separação

Atividade de triagem dos materiais por seus tipos (plástico, vidro, metal, madeira, papel etc.; ver Figura 1).

Revalorização

Etapa intermediária em que os materiais separados (classificados) **são preparados para serem transformados em novos produtos**.

Transformação

É o **processamento dos materiais revalorizados para a geração de novos produtos/insumos** destinados a novos ciclos produtivos.

[...]

Apenas a título de informação, devemos esclarecer que, para a identificação dos diferentes tipos de materiais em processos de coleta seletiva, foram **padronizados símbolos e cores para cada tipo de material que é coletado com o objetivo de reciclagem**. Os símbolos convencionados são os seguintes:

Símbolos de materiais para coleta seletiva

Papel

Vidro

Plástico

Não recicláveis

Metais

Embalagens retornáveis e não retornáveis

De forma simples, é possível caracterizarmos as embalagens em dois grupos principais: **as embalagens descartáveis e as retornáveis**.

Embalagens descartáveis são aquelas que chegam ao usuário ou ao consumidor final e são descartadas imediatamente após o uso ou consumo do produto que elas contêm, sendo destinadas ao lixo, podendo ou não ser recicladas, dependendo da existência de sistemas de coleta seletiva ou diferenciada. Por outro lado, as embalagens retornáveis são aquelas que podem ser reutilizadas.

[Portanto,] o que interessa para esse enfoque é a **questão das embalagens em relação aos aspectos que as classificam como retornáveis** ou não retornáveis.

Uma embalagem retornável é aquela que, como o próprio nome indica, **foi projetada para retornar ao processo produtivo que lhe deu origem ou ainda para algum ponto do seu canal de distribuição original**. São embalagens feitas de materiais resistentes para possibilitar um número mínimo de vezes de retorno [...].

Em relação às embalagens não retornáveis, podemos acrescentar que **são aquelas utilizadas em apenas um ciclo de distribuição direta** e que, em alguns casos, podem ser reaproveitadas pelo destinatário. São embalagens feitas de **madeira, papelão ondulado, sacos plásticos, sacos multifolhas de papel etc**. São exatamente essas embalagens que geram mais problemas ambientais e ecológicos, uma vez que geralmente são **destinadas a aterros sanitários inadequados ou simplesmente jogadas pelos consumidores ou usuários em esgotos a céu aberto**. As embalagens não retornáveis são as que exigem maiores cuidados por parte das autoridades públicas no sentido de minimizar seu impacto ambiental, e, para a logística reversa, representam o objeto da reciclagem.

Exercitar é preciso!

As embalagens retornáveis, por sua vez [...] são aquelas que **retornam à sua origem** geralmente para reutilização nos processos de distribuição, apresentando um ciclo de vida mais longo. São exemplos de embalagens retornáveis: **as caixas metálicas, as caixas de madeira reforçada, os contenedores plásticos ou metálicos, os paletes, os racks (plataformas metálicas), os dispositivos especiais etc. e ainda as combinações desses materiais**.

Inspeção dos conhecimentos

1. Cite três maneiras de utilizar a água racionalmente.
2. Cite três maneiras de utilizar a energia racionalmente.
3. Defina reciclagem.
4. Defina embalagem descartável.
5. Defina embalagem retornável.

Momento investigação

Você já pensou sobre qual a razão que justifica a afirmativa de que "é mais barato usar, na maioria dos casos, matérias-primas 'virgens' do que materiais reciclados"? Procure encontrar as razões que justificam tal conceito.

Exercício extraído de Razzolini Filho e Berté (2009, p. 108).

Neste capítulo, falamos da opção por equipamentos que consomem um quantidade menor de energia elétrica como uma alternativa de uso racional dessa fonte energética. A esse respeito, você já ouviu falar da **Ence – Etiqueta Nacional de Conservação de Energia**? É uma etiqueta do Instituto Naciuonal de Metrologia (Inmetro), impressa em vários eletrodomésticos produzidos no Brasil, tais como geladeiras. Sua função é mostrar o quanto o equipamento consome de energia, indicando se este á ecologicamente sustentável ou não. Acesse o *link* http://www.inmetro.gov.br/consumidor/pbe/congeladores.pdf e, em seguida, veja se os aparelhos em sua casa e em seu condomínio – caso você more ou trabalhe em um – possuem essa etiqueta. Verifique a classificação dos produtos e observe se eles consomem uma quantidade razoável ou excessiva. E então: sua casa – ou seu condomínio – está de mãos dadas com o meio ambiente?

Fechando os portões

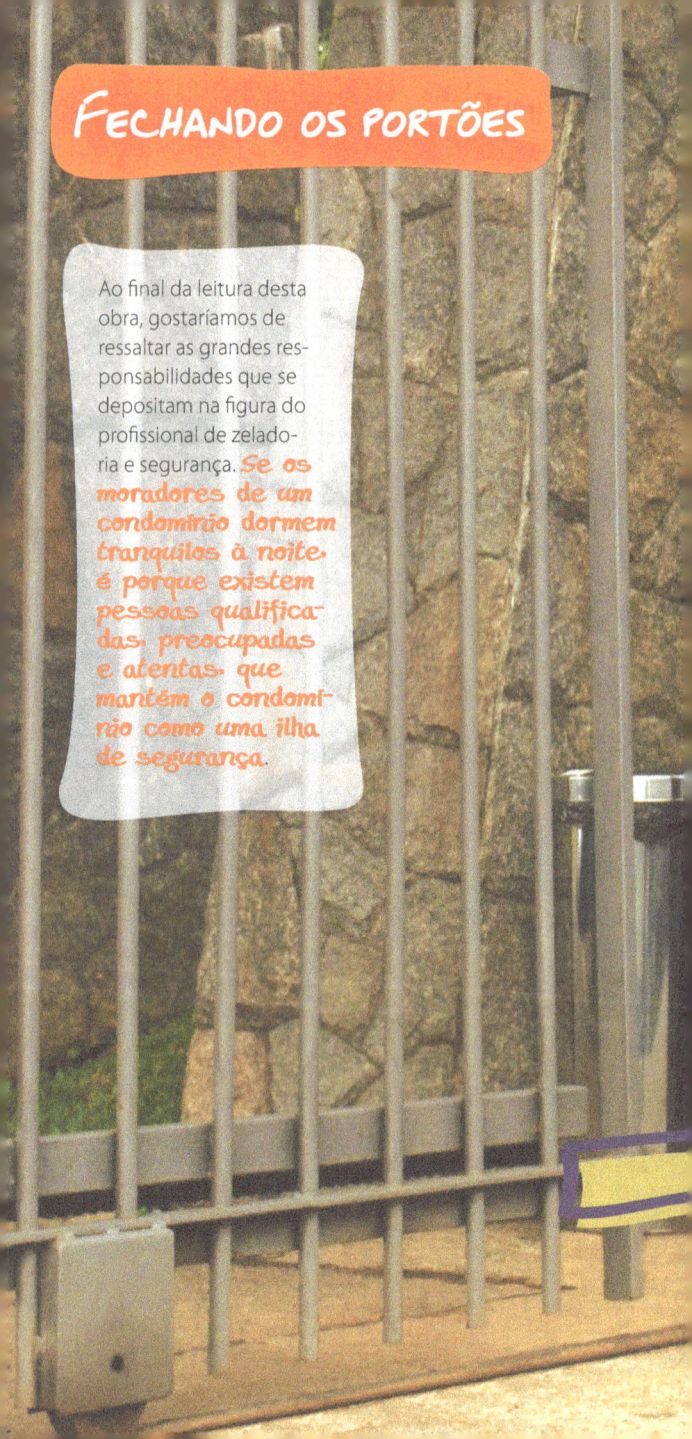

Ao final da leitura desta obra, gostaríamos de ressaltar as grandes responsabilidades que se depositam na figura do profissional de zeladoria e segurança. Se os moradores de um condomínio dormem tranquilos à noite, é porque existem pessoas qualificadas, preocupadas e atentas, que mantêm o condomínio como uma ilha de segurança.

Esta obra teve o objetivo de demonstrar que **esse trabalho não é nem um pouco fácil** e que estão redondamente enganados aqueles que acham que os profissionais de zeladoria passam o seu dia a dia "na flauta", sem fazer nada, ou, ainda, que não são necessárias especializações e um desejo constante por novos aprendizados para realizar este trabalho, bastando "preencher uma ficha". Lembre-se de que o mercado de trabalho atual não quer só formação – **ele quer diferencial dos profissionais**. Portanto, invista em você mesmo, torne esse "cartão de visita" que você é em algo cada vez mais atraente e procurado. **Só assim você terá seu "lugar ao sol".**

Não se esqueça de sempre estar em contato com as **legislações correlatas ao seu trabalho** e com obras e cursos que aprimorem suas habilidades para o atendimento ao público.

Lembre-se:

O condomínio modelo começa com colaboradores modelo, que tenham como meta maior a excelência em tudo que fazem!

REFERÊNCIAS

ALTERNATIVA elevadores. **Elevadores**: precauções. Disponível em: <http://www.altelev.com.br/dicas/dicas_elev_prec.htm>. Acesso em: 11 out. 2011.

ARANHA, M. **A personalidade perversa**. Disponível em: <http://www.icc-br.org/art/a118.pdf>. Acesso em: 10 out. 2011.

ASSALTOS a condomínios crescem em SP; especialistas recomendam qualificação de funcionários. **Folha Online**, São Paulo, 3 mar. 2009. Disponível em: <http://www1.folha.uol.com.br/folha/cotidiano/ult95u528581.shtml>. Acesso em: 3 nov. 2011.

BLINDARE BLINDAGEM ARQUITETÔNICA. **Produtos**: passa-volumes. Disponível em: < http://www.blindare.com.br/produtos-passa-volume.html>. Acesso em: 21 nov. 2011.

BRASIL. Constituição (1988). **Diário Oficial da União**, Brasília, DF, 5 out. 1988. Disponível em: <http://www.planalto.gov.br/ccivil_03/constituicao/constitui%C3%A7ao.htm>. Acesso em: 13 out. 2011.

_____. Decreto-Lei n. 3.689, de 3 de outubro de 1941. **Diário Oficial da União**, Poder Executivo, Brasília, DF, 13 out. 1941. Disponível em: <http://www.planalto.gov.br/ccivil_03/decreto-lei/Del3689.htm>. Acesso em: 3 nov. 2011.

_____. Lei n. 4.591, de 16 de dezembro de 1964. **Diário Oficial da União**, Poder Legislativo, Brasília, DF, 21 dez. 1964. Disponível em: <http://www6.senado.gov.br/legislacao/ListaPublicacoes.action?id=115386&tipoDocumento=LEI&tipoTexto=PUB>. Acesso em: 13 out. 2011.

_____. Lei n. 5.553, de 6 de dezembro de 1968. **Diário Oficial da União**, Poder Legislativo, Brasília, 10 dez. 1968. Disponível em: <http://www6.senado.gov.br/legislacao/ListaPublicacoes.action?id=118556&tipoDocumento=LEI&tipoTexto=PUB>. Acesso em: 13 out. 2011.

_____. Lei n. 8.069, de 13 de julho de 1990. **Diário Oficial da União**, Poder Legislativo, Brasília, DF, 16 jul. 2011. Disponível em: <http://www6.senado.gov.br/legislacao/ListaPublicacoes.action?id=102414&tipoDocumento=LEI&tipoTexto=PUB>. Acesso em: 11 out. 2011.

_____. Lei 10.406, de 10 de janeiro de 2002. **Diário Oficial da União**, Poder Legislativo, Brasília, DF, 11 jan. 2002. Disponível em: <http://legislacao.planalto.gov.br/legisla/legislacao.nsf/Viw_Identificacao/lei%20 10.406-2002?OpenDocument>. Acesso em: 3 nov. 2011.

BRASIL. Lei n. 10.741, de 1º de outubro de 2003. **Diário Oficial da União**, Poder Legislativo, Brasília, DF, 3 out. 2003. Disponível em: <http://www6.senado.gov.br/legislacao/ListaPublicacoes.action?id=237486&tipoDocumento=LEI&tipoTexto=PUB>. Acesso em: 11 out. 2011.

BRASILIANO, A. C. R. **Planejamento da segurança empresarial**: metodologia e implantação. São Paulo: Sicurezza, 1999.

CADENAS CONSULTORIA E TREINAMENTO (Coord.). **Apostila de primeiros socorros**. Disponível em: < http://www.cadenas.com.br/Responsabilidade_Social/32/Primeiros_Socorros_na_Comunidade.aspx>. Acesso em: 8 nov. 2011a.

_____. **Prevenção e combate a incêndio**. Disponível em: < http://www.cadenas.com.br/Responsabilidade_Social/186/Prevenção_de_Incêndios_na_Comunidade.aspx>. Acesso em: 8 nov. 2011b.

CARDOSO, R. **Iniciativa e motivação podem alavancar sua carreira**. Disponível em: <http://www.rodrigocardoso.com.br/site/artigosview.php?id=39>. Acesso em: 29 out. 2011.

CNEC – Campanha Nacional de Escolas da Comunidade. **Primeiros socorros**. 22 jun. 2010. Disponível em: <http://cnecce.com.br/images/publicacoes/aulas%20III%20pdf.pdf>. Acesso em: 11 out. 2011.

CONDOMÍNIO no Jiquiá é invadido por assaltantes. **Diário de Pernambuco**, 25 mar. 2011. Disponível em: <http://www.pernambuco.com/ultimas/nota.asp?materia=20110325121458>. Acesso em: 3 nov. 2011.

DR. MOUSINHO. Exercícios para evitar LER/Dort. 23 dez. 2007. Disponível em: <http://drmousinho.blogspot.com/2007/12/exercicios-para-evitar-lerdort.html>. Acesso em: 29 out. 2011.

EMPREENDER. **Dicionário inFormal**. 5 nov. 2009. Disponível em: <http://www.dicionarioinformal.com.br/definicao.php?palavra=empreender>. Acesso em: 11 out. 2011.

GIL, A. de L. **Segurança empresarial e patrimonial**. 2. ed. São Paulo: Atlas, 1999.

GODOY, J. E. de.; BARROS, S. C. R. **Manual de segurança em condomínios**. Capanema: Igal, 1998.

FAZ FÁCIL. *Elevadores*. (Eletricidade & elevadores). Disponível em: <http://www.fazfacil.com.br/lazer/seguranca_eletricidade.html>. Acesso em: 21 nov. 2011.

HOFFMAN, K. D.; BATESON, J. E. G. *Princípios de marketing de serviços*: conceitos, estratégias e casos. 2. ed. São Paulo: Pioneira Thomson Learning, 2003.

HOUAISS, A.; VILLAR, M. de S. *Dicionário eletrônico Houaiss da língua portuguesa*. versão 3.0. Rio de Janeiro: Instituto Antônio Houaiss; Objetiva, 2009. 1 CD-ROM.

MONTEIRO, J. Condomínio de luxo é assaltado em Curitiba. *Paraná Online*, 16 set. 2010. Disponível em: <http://www.parana-online.com.br/editoria/policia/news/476415/?noticia=CONDOMINIO+DE+LUXO+E+ASSALTADO+EM+CURITIBA>. Acesso em: 3 nov. 2011.

NAEMT. *National Association of Emergency Medical Technicians*. Rio de Janeiro: Elsevier, 2007.

OLIVEIRA, B. F. M.; PAROLIN, M. K. F.; TEIXEIRA JÚNIOR, E. *Trauma*: atendimento pré-hospitalar. São Paulo: Atheneu, 2004.

OLIVEIRA, B. F. M.; FIÚZA, M. K. *Emergência atendimento inicial*: suas mãos podem salvar uma vida. Curitiba: Chain, 2005.

RAZZOLINI FILHO, E.; BERTÉ. R. *O reverso da logística e as questões ambientais no Brasil*. Curitiba: Ibpex, 2009. p. 100-108.

SECOVI-PR. – Sindicato da Habitação e Condomínios. *No dia a dia do condomínio*.

SEGURANÇA. *Dicionário online de português*. Disponível em: <http://www.dicio.com.br/seguranca/>. Acesso em: 11 out. 2011.

SÍNDICONET. *Guaritas e portarias de condomínios*. Disponível em: <http://www.sindiconet.com.br/7183/Informese/Obras-e-Reformas/Guaritas-e-portarias-de-condominios>. Acesso em: 10 out. 2011.

SR CONSULTING. Segurança do Trabalho e do Meio Ambiente. *Desobstrução de vias aéreas*. Disponível em: <http://srpr.com.br/informativo4.html>. Acesso em: 11 out. 2011.

TASSI, J. *Introdução à filosofia do direito de segurança pública*. São Paulo: Suprema Cultura, 2010.

Almoxarifado

Normalmente, em um almoxarifado você encontra todos os materiais de que você precisa para realizar seu trabalho, tais como esfregões, panos, materiais de limpeza, luvas, galochas. Neste almoxarifado, você encontrará as **respostas das questões de revisão** desta obra. **Só verifique esta seção se você já respondeu a todas as questões de revisão dos seis capítulos, ok?**

Capítulo 1

1. É a característica daquele que aceita as diferenças individuais, que cumpre as obrigações funcionais, respeita as leis e as normas do seu local de trabalho e do país.

2. Porque o profissional de zeladoria e segurança é o "cartão de visita" do condomínio e, portanto, o asseio nos hábitos de higiene, o alinho nas roupas e as boas maneiras na forma de se portar com clientes e condôminos é essencial para a sua segurança no emprego.

3. O desejo de ser um bom profissional, especializado e sempre interessado em aprender mais, garantindo, dessa forma, seu lugar no mercado de trabalho.

4. Fiscalizar a entrada e saída de pessoas, receber correspondências e documentos, zelar pela segurança dos condôminos.

5. Organizar a escala de serviço dos demais funcionários e zelar pela ordem e segurança do condomínio.

Capítulo 2

1. O público interno são os moradores. O público externo, por sua vez, é qualquer pessoa estranha ao condomínio. Ex.: um entregador de mercadorias.

2. Sim. O público externo precisa ser tratado de acordo com normas rígidas de segurança. Já o público interno, por já ser conhecido pelos profissionais de zeladoria e segurança, podem ser abordados de forma mais branda.

3. Em situação alguma o documento pessoal deve ser retido, pois é pessoal, conforme legislação federal em vigor.

4. Tranquilizar a(s) pessoa(s) que está(ão) presa(s) na cabine e acionar imediatamente a empresa responsável, que fará a soltura dessas pessoas em segurança.

5. O furto ocorre quando alguém se apropria de coisa alheia móvel, sem cometer qualquer tipo de ameaça ou agressão. O roubo acontece quando alguém se apropria de coisa alheia móvel mediante ameaça.

Capítulo 3

1. Constituição Federal de 1988; Estatuto da Criança e do Adolescente (ECA – Lei nº 8.069, de 13 de julho de 1990); Estatuto do Idoso (Lei nº 10.741, de 1º de outubro de 2003); Lei do Condomínio (Lei nº 4.591, de 16 de dezembro de 1964).

Capítulo 4

2. No art. 5º. Esse artigo dará ao profissional de zeladoria e segurança os limites para o seu trabalho de atendimento ao público. Como exemplo, pode-se citar a possibilidade de o profissional invadir casa de condômino em caso de flagrante delito, como no caso em que é constatada agressão de indivíduo a outrem.

Capítulo 5

1. São os riscos estruturais, ou físicos, e os riscos de ação humana. Os primeiros dizem respeito a problemas na infraestrutura do condomínio que podem interferir na segurança do imóvel. Os riscos de ação humana dizem respeito tanto à ação inadequada dos profissionais de zeladoria e segurança quanto à iniciativa de marginais que pretendem ter acesso ao condomínio.

Capítulo 6

3. Falta de atenção e não seguimento das normas de segurança do condomínio.

3. Esses estatutos têm em comum o objetivo de proteger duas parcelas fragilizadas e marginalizadas da sociedade – as crianças e os adolescentes e os idosos. Ambas as leis transmitem à sociedade como um todo, incluindo aí a família, as comunidades e o comércio de serviços e bens, o dever de amparar e contribuir para o desenvolvimento dessas duas faixas etárias.

4. O regimento interno do condomínio tem a função de regular todo o funcionamento do condomínio, determinando o horário de silêncio, os direitos e deveres dos proprietários e locatários, o uso de áreas comuns do condomínio, penalidades em caso de danos, entre outras providências. É o "livro de cabeceira" do profissional de zeladoria e segurança, que deve sabê-lo do início ao fim, de forma a poder fiscalizar e regular o cotidiano do condomínio de forma eficiente e justa.

2. Iluminação inadequada; muros e grades baixos. Quanto à iluminação inadequada, uma solução possível é a instalação de sensores de proximidade em setores específicos do condomínio. Quanto a grades e muros baixos, é necessário substitui-los por barreiras de no mínimo 3 metros, que sejam devidamente resistentes. É importante se assegurar que não haja árvores perto de muros e grades, que facilitem o acesso ao condomínio, e que as grades não tenham partes que auxiliem na escalada de marginais.

4. É todo e qualquer obstáculo colocado acima dos muros e grades, tendo a função de dificultar a intrusão no condomínio.

5. São todos os dispositivos instalados, tais como iluminação automatizada e rede de câmeras de vídeo, que têm a função de melhorar a segurança do condomínio.

Capítulo 3

1. Quatro elementos: calor, combustível, oxigênio (comburente) e reação em cadeia.

2. Abafamento: retirar o oxigênio da reação de combustão. Resfriamento: retirar o calor da reação de combustão. Isolamento: retirar materiais combustíveis da reação de combustão.

Capítulo 4

Capítulo 5

1. Construir cisternas para captação de água da chuva; vistoriar periodicamente as unidades autônomas; substituir torneiras comuns por torneiras temporizadas.

Capítulo 6

2. Instalar sensores de presença nas lâmpadas; optar por equipamentos que consumam menos energia; trocar lâmpadas incandescentes por fluorescentes.

3. Água: recomendados para incêndios de classe A. Espuma mecânica: indicados para incêndios das classes A e B. PQS – Pó BC: próprios para incêndios das classes B e C.

4. Observar a segurança de quem está promovendo o salvamento. Em seguida, do lugar onde está sendo realizado o salvamento. Por último, a segurança da vítima.

5. Pulso, respiração e temperatura.

3 De acordo com Razzolini Filho e Berté (2009, p. 100), é "[...] o reaproveitamento (ou reutilização) de um polímero no mesmo processo em que, por qualquer motivo, foi rejeitado".

4 Embalagem descartável é aquela que é descartada pelo consumidor logo após o consumo do produto que ela contém.

5 Embalagem retornável é aquela projetada para retornar ao processo produtivo que lhe deu origem.

Sobre o autor

Marlon Guerreiro é graduado em Serviço Social pela Pontifícia Universidade Católica do Paraná (PUC-PR), especialista em Magistério Superior – ênfase em metodologia do ensino – pelo Instituto Brasileiro de Pós-Graduação e Extensão (Ibpex) e em Ciência Política e Planejamento Estratégico pelo Instituto Martinus de Educação/Associação dos Diplomados da Escola Superior de Guerra (IME/Adesg). Foi docente na área de zeladoria e segurança condominial por mais de 10 anos no Serviço Nacional de Aprendizagem Comercial do Paraná (Senac-PR) e atuou por mais de 30 anos na área de segurança pública. Atualmente, é diretor do Departamento de Planejamento e Defesa Comunitária da Secretaria Municipal da Defesa Social de Curitiba.

EDITORA intersaberes

Rua Clara Vendramin, 58 . Mossunguê
CEP 81200-170 . Curitiba . PR . Brasil
Fone: (41) 2106-4170
www.intersaberes.com
editora@editoraintersaberes.com.br

CONSELHO EDITORIAL
Dr. Ivo José Both (presidente)
Dr.ª Elena Godoy
Dr. Neri dos Santos
Dr. Ulf Gregor Baranow

EDITORA-CHEFE
Lindsay Azambuja

SUPERVISORA EDITORIAL
Ariadne Nunes Wenger

ANALISTA EDITORIAL
Ariel Martins

PREPARAÇÃO DE ORIGINAIS
Tiago Marinaska

REVISÃO DE TEXTO
Keila Nunes Moreira

CAPA
Stefany Conduta Wrublevski

PROJETO GRÁFICO
João Leviski Alves
Stefany Conduta Wrublevski

DIAGRAMAÇÃO
Mayra Yoshizawa

ICONOGRAFIA
Danielle Scholtz

ILUSTRAÇÕES
Adriano Pinheiro (p. 95 a 97 e 114)
Cadenas Consultoria e Treinamento
(p. 139 a 143 e 151 a 158)
Cleverson Bestel (p. 25 a 31)
Mayra Yoshizawa (demais ilustrações)

FOTOGRAFIAS
Comstock
Ingimage
PantherMedia
Raphael Bernadelli
Thinkstock

Dados Internacionais de Catalogação na Publicação (CIP)
Index Consultoria em Informação e Serviços Ltda. Curitiba - PR

Guerreiro, Marlon
Condomínio: segurança e zeladoria / Marlon Guerreiro. – Curitiba: InterSaberes, 2012.

Bibliografia.
ISBN 978-85-8212-048-4

1. Condomínios (Imóveis) – Manutenção 2. Condomínios (Imóveis) – Medidas de segurança 3. Zelador I. Título.

12-07651

CDD-643.2
-647.92

Índices para catálogo sistemático:
1. Condomínios: Técnicas de segurança: Administração 643.2
2. Zeladoria: Condomínios: Administração 647.92

1ª EDIÇÃO, 2012.
FOI FEITO O DEPÓSITO LEGAL.

INFORMAMOS QUE É DE INTEIRA RESPONSABILIDADE DO AUTOR A EMISSÃO DE CONCEITOS.
NENHUMA PARTE DESTA PUBLICAÇÃO PODERÁ SER REPRODUZIDA POR QUALQUER MEIO OU FORMA SEM A PRÉVIA AUTORIZAÇÃO DA EDITORA INTERSABERES.
A VIOLAÇÃO DOS DIREITOS AUTORAIS É CRIME ESTABELECIDO NA LEI
Nº 9.610/1998 E PUNIDO PELO ART. 184 DO CÓDIGO PENAL.

Os papéis utilizados neste livro, certificados por instituições ambientais competentes, são recicláveis, provenientes de fontes renováveis e, portanto, um meio sustentável e natural de informação e conhecimento.

FSC
www.fsc.org
MISTO
Papel produzido a partir de fontes responsáveis
FSC® C015916

Impressão: BMK
Agosto/2019